DAS GROSSE BUCH DER TIERE

paletti

paletti

Paletti ist ein Imprint des Karl Müller Verlages –
Silag Media AG, Liebigstr. 1-9, 40764 Langenfeld

Englische Originalausgabe
Animal Encyclopedia
Copyright © 2009 Eisbär Verlag

Deutsche Erstausgabe
Übertragung ins Deutsche: Dr. Martin Baehr, München
Herstellung der deutschen Ausgabe: Maasburg GmbH, München

Herstellung: Metro Media Ltd
Autoren: Nathan Hamilton, Deborah Chancellor
Layout: Carol Davis
Mit Dank an: Belinda Weber
Fotos: Umschlag Munday Hackett/Photographer's Direct
Alle übrigen: Ardea, Natural Visions, istock.com, shutterstock.com, photos.com

ISBN: 978-3-940984-30-2

Druck und Herstellung in China

Inhalt

ZEICHENERKLÄRUNG:

- LAND
- MEER/WASSER
- LUFT

108 Reptilien

124 Vögel

152 Säugetiere

Die Klassifikation der Lebewesen

Biologen unterteilen die Lebewesen auf der Grundlage gemeinsamer Merkmale in Gruppen. Sie benutzen dazu die DNS, die Merkmale des Körperbaus und den der Verwandtschaft. Damit ermöglichen sie es, die Welt und die Entwicklung aller Lebensformen zu verstehen. Man könnte sagen, dass die Wissenschaftler ein umfassendes System von Gruppen geschaffen haben, in das alle Lebensformen eingeordnet werden können. Je kleiner die Unterteilungen der Gruppen sind, umso näher sind die Tiere in ihnen miteinander verwandt.

Die umfassendsten Gruppen werden als Reiche bezeichnet. Es sind fünf:

1) Bakterien, einzellige Lebensformen;
2) Protisten, ebenfalls einzellig, aber größer und komplizierter gebaut;
3) Pilze, die sich von totem organischem Material ernähren;
4) Pflanzen, die mit Hilfe der Photosynthese aus dem Sonnenlicht die benötigte Energie gewinnen; und
5) Tiere, Vielzeller, die sich bewegen können und Nahrung zu sich nehmen müssen.

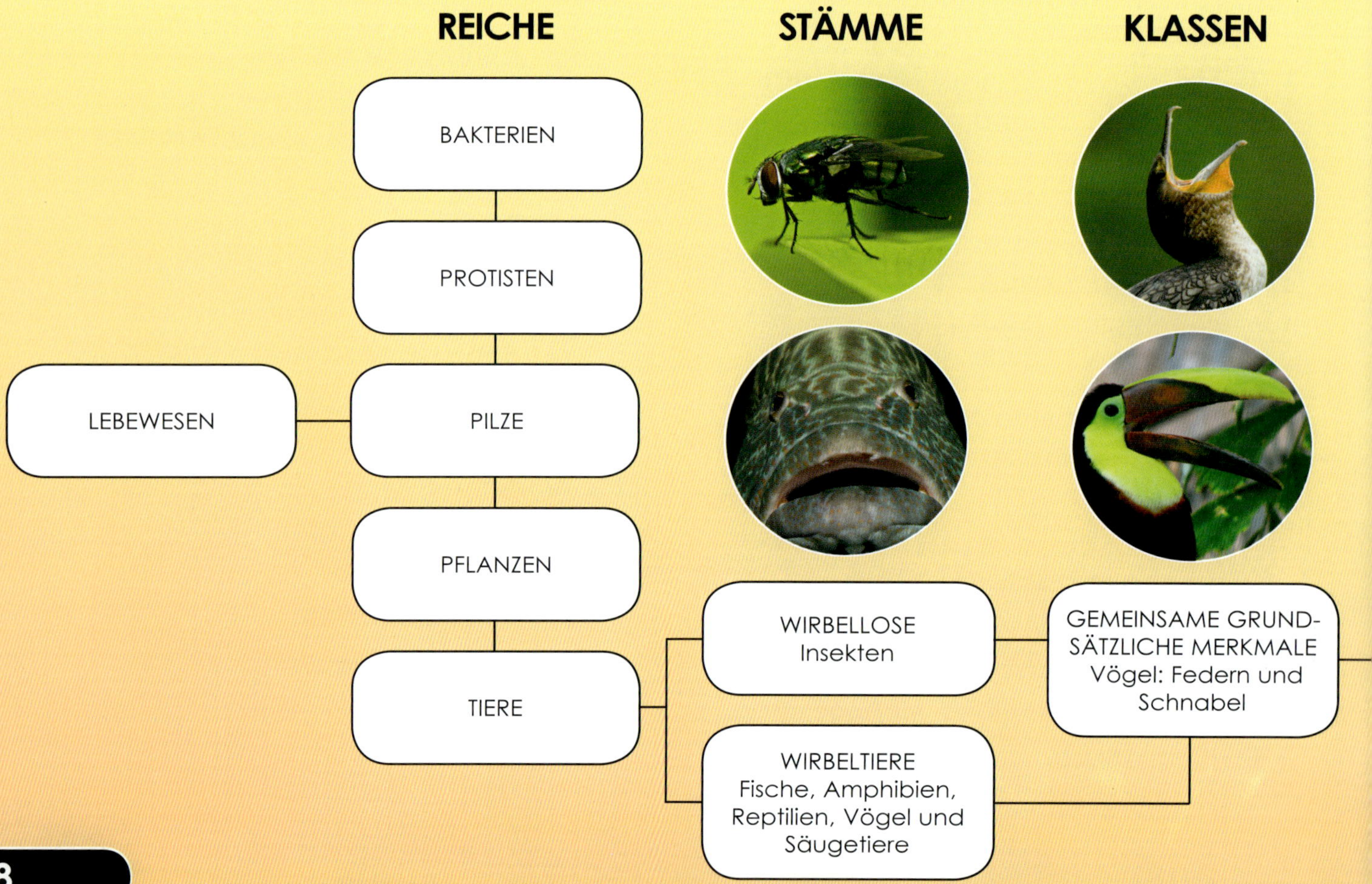

Wie alle Reiche wird auch das Tierreich in verschiedene Stämme eingeteilt. Stämme sind Tiergruppen, die von einem gemeinsamen Vorfahren abstammen und die gleichen anatomischen (und physiologischen) Merkmale besitzen: Fische, Reptilien und Vögel gehören in den gleichen Stamm, weil sie alle eine Wirbelsäule besitzen.

Stämme werden in Klassen unterteilt, deren Angehörige wiederum wichtige gemeinsame Merkmale besitzen: Vögel gehören zur gleichen Klasse, weil sie alle Federn besitzen.

Klassen unterteilen sich in Ordnungen, deren Mitglieder nah verwandt sind und ebenfalls wichtige Merkmale teilen: Frösche und Kröten gehören zur gleichen Ordnung.

Ordnungen werden in Familien unterteilt, deren Mitglieder Merkmale besitzen, die sie von anderen Ordnungen abgrenzen: Die großen Flughunde und die Zwergfledermaus gehören zur gleichen Familie, weil ihr Arm zu einem Flügel umgestaltet ist.

Familien bestehen aus Gattungen, deren Angehörige sehr nah miteinander verwandt sind: Dingo und Wolf gehören zur gleichen Familie. In den Gattungen werden die vielen verschiedenen Arten zusammengefasst.

Bisher haben die Biologen etwa zwei Millionen Arten beschrieben, doch schätzen manche Wissenschaftler, dass vielleicht noch 30 Millionen weitere Arten existieren. Vielleicht werden wir niemals alle Tierarten kennenlernen, die mit uns auf unserer Erde leben.

ORDNUNGEN

ÄHNLICHE CHARAKTERISTISCHE MERKMALE
Frösche und Kröten

FAMILIEN

GEMEINSAME SPEZIELLE MERKMALE
Flughund und Zwergfledermaus: Arm zum Flügel umgestaltet

GATTUNGEN

SEHR NAHE VERWANDTE
Dingo und Wolf

ARTEN

ZWEI MILLIONEN ARTEN SIND BEKANNT

Das Tierreich

STÄMME:

Einfache Tiere

Einfache Tiere besitzen keinen Kopf oder spezialisierte Sinnesorgane wie Augen. Zu ihnen gehören Schwämme und Rädertierchen.

Rundwürmer

Rundwürmer haben einen langen, zylindrischen Körper ohne Beine und eine feste Haut. Sie leben meist im Boden oder in anderen Organismen.

Plattwürmer

Der Körper der Plattwürmer ist papierdünn und beinlos. Die meisten leben im Wasser oder in anderen Tieren. Sie bewegen sich gleitend oder schwimmend.

Schnurwürmer

Meist im Meer, nur wenige leben an Land.

Ringelwürmer

Der Körper ist in Segmente gegliedert („geringelt"). Viele Arten, darunter die Regenwürmer, leben in der Erde, andere im Wasser.

Nesseltiere

Nesseltiere besitzen einen glockenoder sackförmigen Körper und Tentakel. Die meisten leben im Meer, darunter Quallen, Korallen und Seeanemonen.

Stachelhäuter

Der Körper der Stachelhäuter, zum Beispiel der Seesterne und Seeigel, besteht aus fünf gleichen Teilen. Alle leben im Wasser.

Weichtiere

Der Körper der Weichtiere ist nicht in Segmente gegliedert. Viele besitzen eine Schale, andere, wie Tintenfische und Kraken, nicht.

Gliederfüßer

Der Körper der Arthropoden ist von einem harten Außenskelett umgeben. Gliederfüßer besitzen mehrere Paare gegliederter Beine. Zu ihnen gehören: Krebse mit zwei Paar Antennen oder Fühlern; Chelizeraten, ohne Antennen, aber mit speziellen Mundwerkzeugen, den Chelizeren; und die Uniramia, die Tausendfüßer und Insekten, die nur ein Antennenpaar besitzen.

Chordaten

Die Chordatiere besitzen ein inneres Skelett, vor allem einen festen Stützstab (die Chorda) im Rückenbereich. Bei den höheren Chordaten, zum Beispiel den Reptilien, Vögeln und Säugetieren, ist dieser Stab verknöchert und wird Rückgrat genannt. Bei den niederen Chordaten, etwa den Manteltieren, ist dieser Stab viel einfacher gebaut und wird als Notochord bezeichnet.

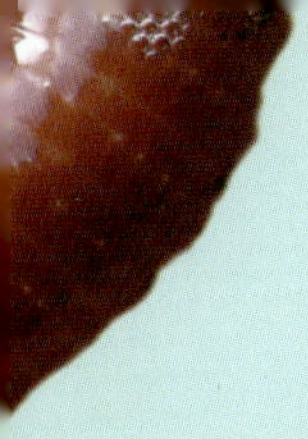

KLASSEN:

Kieferlose Fische

Kieferlose Fische haben einen langen, schlanken Körper und ein Saugmaul.

Knorpelfische

Bei den Knorpelfischen besteht das Skelett nicht aus Knochen, sondern aus Knorpel. Zu ihnen gehören Haie und Rochen, die unbewegliche Flossen besitzen.

Knochenfische

Das Skelett der Knochenfische besteht aus echten Knochen, und ihre Haut ist von kleinen, einander überlappenden Schuppen bedeckt.

Amphibien

Amphibien leben sowohl im Wasser wie an Land, und sie verändern ihre Gestalt während der Entwicklung. Frösche beispielsweise beginnen als Kaulquappen, dann wachsen die Beine, und der Schwanz verschwindet. Die kleinen Frösche kommen aus dem Wasser und leben als erwachsene Frösche an Land; zur Paarung und Eiablage müssen sie aber wieder ins Wasser.

Reptilien

Reptilien sind kaltblütige Tiere mit einer Schuppenhaut. Die meisten legen Eier, doch manche Schlangen gebären lebende Junge.

Vögel

Alle Vögel besitzen Flügel, einen Schnabel und Federn, aber nicht alle können fliegen. Sie sind warmblütig und legen Eier.

Säugetiere

Säugetiere sind ebenfalls warmblütig, sind behaart und säugen ihre Jungen. Die allermeisten gebären lebende Junge, doch drei sehr urtümliche Arten, die Monotremen, legen noch Eier.

Wirbellose

Wirbellose besitzen kein Rückgrat. Sie machen die überwiegende Mehrzahl der Tiere auf der Erde aus, nach Schätzungen 95-97 Prozent aller Arten. Zu ihnen zählen sowohl sehr kleine Landtiere, etwa die Springschwänze, aber auch sehr große Meeresbewohner, wie die Riesenkalmare, und sie kommen in allen Habitaten vor.

Weil zu ihnen so viele verschiedene Formen gehören, ist auch ihre Organisation sehr unterschiedlich. Gliederfüßer (die ein festes Außenskelett besitzen) bilden die größte Gruppe mit einer Vielzahl von sehr verschiedenartigen Tieren, darunter Hummer und Krabben, Spinnen, Skorpione, Pfeilschwanzkrebse, und die allergrößte Gruppe – die Insekten.

Insekten (Insecta) sind in der Tat die bei Weitem größte Tierklasse mit mehr beschriebenen Arten als alle anderen. Bisher hat man mehr als eine Million Insektenarten unterschieden – sogar viel mehr als die Arten aller anderen Tiergruppen zusammen!

Schwämme und einfache Tiere

Ein Tier ist ein Lebewesen, das aus mehreren Zellen besteht und Nahrung zu sich nimmt. Einfache Tiere besitzen keinen Kopf und spezialisierte Sinnesorgane. Die einfachsten Tiere sind oft nur im Mikroskop sichtbar, aber manche sind auch viel größer, etwa die Schwämme. Einzellige Lebewesen werden „Protozoen" genannt und leben meist im Wasser, wie fast alle anderen einfachen Tiere. Daher meinen die meisten Forscher, dass das Leben im Meer entstand, denn die meisten ursprünglichen Lebensformen finden sich hier.

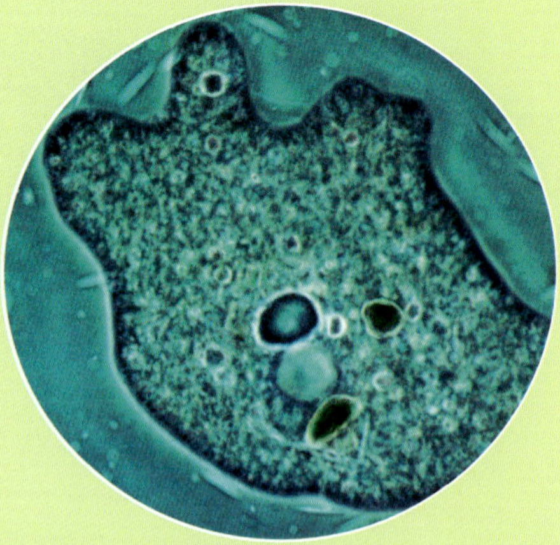

Einzeller wie die Amöben gab es schon vor einer Milliarde Jahren – sie sind 10 000-mal älter als der Mensch.

▲ Wie sehen Amöben aus?

Amöben sind mikroskopisch klein und nur im Mikroskop sichtbar, weil sie nur aus einer einzigen Zelle bestehen. Unterm Mikroskop gleichen sie einem Schleimfleck. Ihre Form ist veränderlich, obwohl einige eine Art Schale bilden können, aber die meisten besitzen keine Hartteile. Sie bewegen sich, indem sie in eine Richtung fließen. Amöben ernähren sich von kleineren Einzellern, die sie verfolgen, umschließen und in sich aufnehmen.

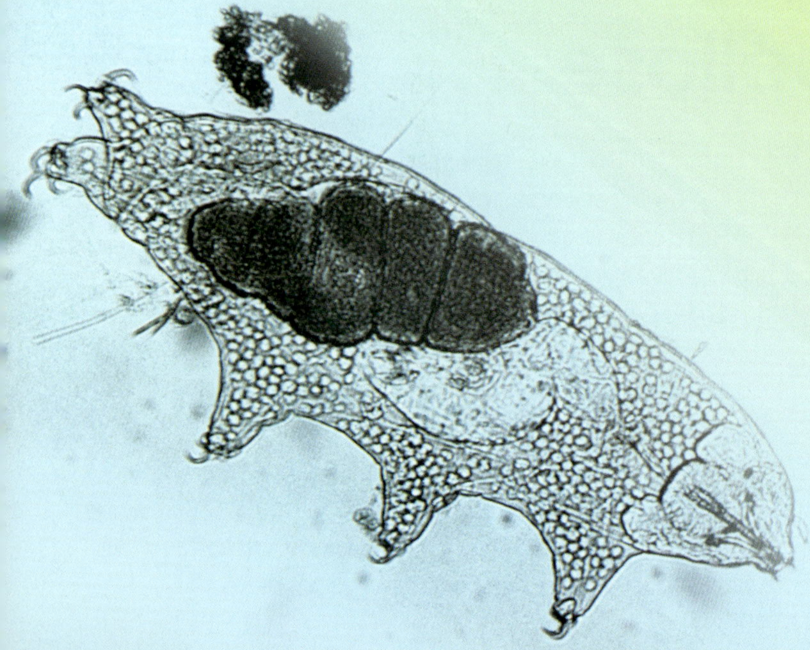

Bärtierchen können in einem trockenheitsresistenten Zustand bis zu 25 Jahre lang überdauern.

◀ Was sind Bärtierchen?

Bärtierchen leben in Pfützen und Süßwassertümpeln – sie laufen auf acht kurzen, stämmigen Beinen. Ihr Körper ist länglich und tonnenförmig, und sie ernähren sich durch das Saugen von Säften anderer Tiere und Pflanzen. Ihr wissenschaftlicher Name ist Tardigrada, und sie brauchen Wasser zum Leben. Sie können allerdings trockene Zeiten mit einem Trockenschlaf überdauern, indem sie sich in eine Art „Tönnchen" verwandeln.

Was ist ein Brotschwamm?

Schwämme sind in gemäßigten und tropischen Meeren weit verbreitet. Sie besitzen in der Regel ein verzweigtes Skelett aus Keratin – dem gleichen Material wie in unseren Haaren und Nägeln. Der Brotschwamm bildet flache Krusten auf Felsen und ernährt sich, indem er durch zahlreiche Poren an seiner Oberfläche das Wasser ausfiltert. Er wird Brotschwamm genannt, weil er recht zerbrechlich ist und bei Berührung in Teile zerfällt, die wie Brotkrusten aussehen.

Der Brotschwamm kommt im Mittelmeer, im Atlantik und im Pazifik vor.

Wie viele Arten von Schwämmen gibt es? Wir kennen bisher mehr als 5000 Arten.

▶ Warum riechen Schwefelschwämme?

Der Schwefelschwamm – auch Seeorange genannt – lebt auf Felsen, aber auch auf den Gehäusen von Einsiedlerkrebsen. Er bildet glatte, runde, abgeflachte oder kugelige Polster aus fleischigem Gewebe und ist orangegelb. Er trägt seinen Namen wegen seines Schwefelgeruchs, der durch den Schwefel in seinem giftigen Schleim verursacht wird. Den Schleim benutzt er zur Abwehr von Feinden. Das stört aber die Einsiedlerkrebse nicht, die den Schwamm manchmal auf ihrem Haus tragen, wohl als Tarnung oder Schutz gegen ihre Feinde, die Kraken.

Schwefelschwämme leben manchmal in Symbiose mit Einsiedlerkrebsen.

Quallen, Korallen und Seeanemonen

Quallen, Korallen und Seeanemonen gehören zu einer Nesseltiere oder Cnidaria genannten Tiergruppe. Der Name bezieht sich auf die Fähigkeit zu „stechen“, entweder zur Abwehr oder bei der Nahrungssuche. Sie tun das mit Hilfe kompliziert gebauter Nesselzellen, den Nematozysten. Der Körper ist sack- oder glockenförmig, und die Mundöffnung ist von einer Anzahl von Tentakeln umgeben. Viele Korallen bilden Gruppen und formen Riffe, die sehr wichtige Lebensräume für viele andere Lebensformen bilden. Einige Quallen gehören zu den giftigsten Tieren überhaupt, und Seeanemonen sind auffallende und gut bekannte Lebensformen im Meer.

Wie schwimmen Quallen?

Quallen schwimmen, indem sie den Rand ihrer Schwimmglocke kontrahieren. Dadurch wird das Wasser in der Glocke ausgestoßen, und die Qualle wird vorwärtsgetrieben. Unter der Glocke sitzt der Mund, der von einer Anzahl von Mundtentakeln umgeben ist. Quallen fangen ihre Nahrung, etwa Fische, mit den Tentakeln am Glockenrand und ziehen die Beute mit den Mundarmen herein. Die Glocke wird von feinen Kanälen durchzogen, die vom Zentrum ausgehen und Nahrung und Verdauungssäfte im Körper verteilen.

▼ Können Quallen für den Menschen gefährlich sein?

Fletchers Würfelqualle aus Australien ist die größte und gefährlichste Würfelqualle. Die mit Nesselkapseln besetzten Tentakel hängen in vier Gruppen von je 16 an der Unterseite der Glocke und können 2 m lang werden. Wenn die Tentakel ein anderes Lebewesen berühren, „explodieren“ die Nesselkapseln und entlassen ihre mikroskopisch kleinen Nesselfäden, die am Ende eine Pfeilspitze tragen, mit der das Gift injiziert wird.

Ohrenquallen haben einen Durchmesser von 12-15 cm.

Würfelquallen sind für den Tod von Hunderten Menschen verantwortlich, und ihr starkes Gift kann einen Menschen binnen 3 Minuten töten.

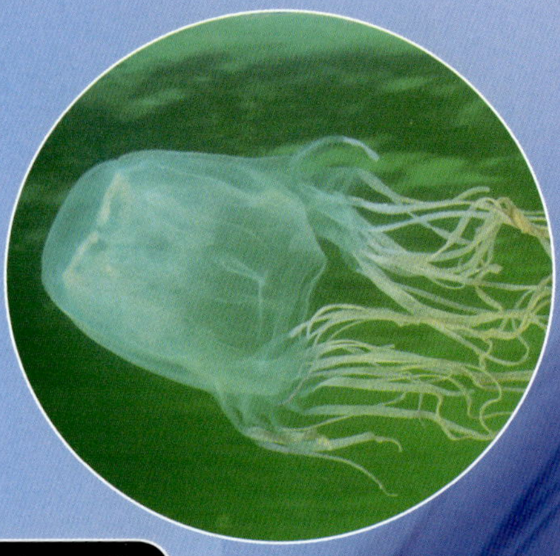

▶ Woraus bestehen Korallen?

Korallen sind eigentlich ein Skelett für Kolonien von Korallenpolypen. Die Kolonien entstehen aus Knospen, die sich zu neuen Polypen entwickeln. Die Weise, wie das geschieht, bestimmt das Aussehen der Koralle. Manche Korallen bilden feste, aus einer kalkartigen Substanz bestehende Skelette, die zusammenwachsen und dann mächtige Riffe bilden können. Die Polypen fressen nachts Kleintiere, die sie mit ihren Tentakeln erbeuten.

Das Große Barriereriff vor der Küste Australiens ist die größte von Lebewesen je gebildete Struktur.

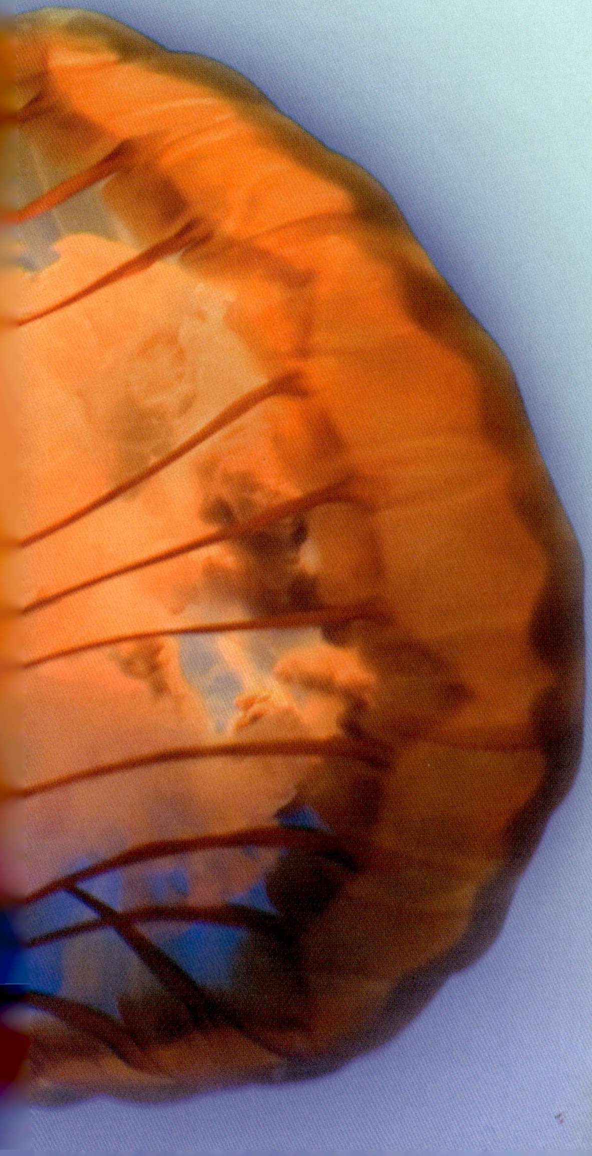

Wie alt sind die Nesseltiere? Wir kennen Fossilien, die über 500 Mio. Jahre alt sind.

▼ Wo leben Seeanemonen?

Seeanemonen besitzen einen sackartigen Körper mit fingerartigen Tentakeln, sowie einen Fuß zum Anheften an Felsen. Einige Anemonen leben aber auch im Sand. Sie ernähren sich wie andere Nesseltiere, indem sie ihre Beute mit den Tentakeln töten und in den Mund hineinziehen, wo sie in einem sehr einfachen Magen verdaut wird. Die Anemone entwickelt sich direkt aus einem Polypen, ohne das Zwischenstadium einer Qualle. Seeanemonen können sich durch Knospung, Ausstoßen von Eiern und Samen in das Wasser oder durch Teilung fortpflanzen.

Seeanemonen tragen ihren Namen wegen ihrer Ähnlichkeit mit verschiedenen Blumen.

Würmer

Jedes Tier ohne Skelett und Beine, dessen Länge seine Breite übertrifft, ist wahrscheinlich ein Wurm. Aber es gibt viele verschiedene Typen. Am besten bekannt sind die Regenwürmer, die zu den Ringelwürmern gehören, so benannt, weil ihr Körper aus vielen Segmenten besteht. Andere Würmer sind Parasiten, wie die Nematoden, Bandwürmer und Leberegel, Blutegel und Plattwürmer. Würmer findet man überall, selbst in den unwirtlichsten Gegenden.

Wo findet man Pompejiwürmer?

Diese leben in großer Tiefe im Pazifik unter Temperaturen, die Wasser zum Kochen bringen könnten. Sie sitzen am Rand von hydrothermalen Schloten, wo heißes Wasser und Gase aus dem Boden strömen und sich ins Meer ergießen. Die Temperaturen liegen hier um 65°C, damit sind die Pompejiwürmer die hitzetolerantesten Lebewesen auf der Erde. Die Würmer werden etwa 10 cm lang.

▼ Was ist ein Plattwurm?

Plattwürmer sind die am einfachsten gebauten Würmer. Ihr Körper ist flach gedrückt und sehr dünn. Viele sind Parasiten, zum Beispiel der Hundebandwurm. Dieses Tier besitzt einen runden Kopf, der sich mit Hilfe von Haken an der Innenseite des Hundedarms befestigt. Dort ernährt sich der Wurm von der teilweise verdauten Nahrung des Hundes, die vom Magen in den Dünndarm wandert. Die eiertragenden Körperabschnitte des Wurmes lösen sich hinten ab und transportieren die Eier nach draußen. Dort kann sich erneut ein Hund infizieren.

Wann wurden die Pompejiwürmer entdeckt? Erst 1986!

Der Katzenbandwurm besitzt einen flachen, bandförmigen Körper mit bis zu150 Segmenten.

Wie kann man männliche und weibliche Regenwürmer unterscheiden?

Weil jedes Tier sowohl männliche wie auch weibliche Geschlechtsorgane besitzt, kann man es nicht! Regenwürmer gehören zu einer Gruppe von Würmern, die man auf der ganzen Erde finden kann. Sie sind äußerst wichtig für den Abbau von Abfällen und die Verbesserung des Bodens. Der Körper eines Regenwurmes ist in etwa 150 ringförmige Abschnitte gegliedert, und er atmet durch die Haut. Regenwürmer leben in feuchten, fetten Böden in bis 30 cm Tiefe. Im Winter ruhen sie, sicher vor dem Frost, eingerollt in Kammern im Boden.

Regenwürmer können jeden Tag ein Drittel ihres eigenen Gewichtes fressen.

▶ Wo leben Röhrenwürmer?

Röhrenwürmer leben in großer Tiefe im Pazifik, in der Nähe von Erdspalten, wo heißes Wasser aufquillt. Chemikalien und geschmolzene Substanzen aus dem Erdinneren formen dort gewaltige kaminartige Schlote, an denen die Würmer leben. Sie ernähren sich mit Hilfe von Millionen von Bakterien in ihren roten Kiemen, die giftige, schwefelhaltige Substanzen aus den Schloten in Energie umwandeln. Diese erstaunlichen Lebewesen können Wassertemperaturen von 55°C aushalten. Sie leben in langen, weißen Röhren, die bis 3 m hoch werden können.

Der Röhrenwurm Riftia pachyptila lebt in Tiefen von mehr als 1,6 km am Grund des Pazifiks.

Nackt- & Landgehäuseschnecken

Nacktschnecken gehören zu der Gastropoden (deutsch „Bauchfüßer“) genannten Gruppe der Weichtiere. Sie heißen so wegen der schleimigen saugfußartigen Unterseite ihres muskulösen Fußes, auf der sie sich fortbewegen. Wir kennen etwa 75 000 Arten der Gastropoden oder Schnecken an Land und im Meer, die damit die größte Weichtiergruppe darstellen. Nacktschnecken fressen Pflanzen und einige richten große Schäden in Gärten und auf Äckern an. Ihr Mund ist mit mehreren Reihen kleiner Zähnchen besetzt, die fortlaufend ersetzt werden.

Schnecken besitzen nur eine einzige Schale, daher werden sie auch als „Univalvia“ bezeichnet.

▼ Welche ist die größte Landschnecke?

Die größte Landschnecke ist die Afrikanische Riesenachatschnecke. Sie kann 800 g wiegen; der Körper ist bis 30 cm lang, und die Schale kann 20 cm hoch sein – das ist größer als ein Fußball. Sie wurde aus Afrika in viele andere warme Länder exportiert, als Terrarientier, in Zoos oder auch als Nahrung. In vielen Ländern ist sie aber nun ein Schädling, weil sie dort keine Feinde hat.

Für die Bauern in Südostasien ist die Riesenachatschnecke der größte Schädling.

◀ Wie übersteht die Gartenschnirkelschnecke Trockenperioden?

Sie übersteht Trockenzeiten, indem sie einen dunklen und feuchten Platz aufsucht und sich dort in ihr Haus zurückzieht, um möglichst wenig Feuchtigkeit zu verlieren. Sie verschließt die Öffnung der Schale mit einem Schleimüberzug, der an ihrer Umgebung festklebt und eintrocknet. Die Schneckenschale schützt das Tier perfekt. Alle inneren Organe liegen innerhalb der Schale, und die Schale wächst spiralförmig mit dem Tier. Wie alle Schalen der Mollusken besteht auch die Schneckenschale aus der sehr festen Substanz Calciumkarbonat, dem Kalk.

▶ Warum hinterlassen Schnecken eine Schleimspur?

Wie alle Schnecken braucht auch die Große Wegschnecke Feuchtigkeit zum Leben. Sie bewegt sich auf dem Erdboden auf einer Schleimlage fort, die diese Schleimspur hinterlässt. Um den Schleim produzieren zu können, braucht die Schnecke einen hohen Wasseranteil in ihrem Körper. Die Große Wegschnecke verzehrt faulende Pflanzen ebenso wie andere tote Nacktschnecken. Sie besitzt eine Atemöffnung rechts hinter dem Kopf, und wie die anderen Schnecken hat sie Fühler, mit denen sie ihre Nahrung ertasten und schmecken kann.

Wie andere Gastropoden legen Nacktschnecken Eier. Beim Schlüpfen sehen die Jungschnecken wie Miniaturausgaben der Erwachsenen aus.

Wie schnell ist eine Gartenschnirkelschnecke? Recht schnell: Spitzengeschwindigkeit 1,3 cm in der Sekunde (schnell, für eine Schnecke!)

Meeresnacktschnecken kommen vor allem im Roten Meer, im Indischen Ozean und im Westpazifik vor.

Unterschied von meeresbewohnenden und landlebenden Nacktschnecken?

Meeresnacktschnecken gehören zu einer ganz anderen Tiergruppe als die Nacktschnecken an Land, den Nudibranchiern. Sie besitzen keine Lungen wie die Landschnecken, sondern atmen durch Kiemen, die in pflanzenähnlichen Büscheln auf ihrem Rücken sitzen. Wie ihre landlebenden Vettern bewegen sie sich langsam fort und besitzen keine Schale. Sie sind bekannt für ihren giftigen Körper und warnen Feinde durch ihre meist sehr bunte Färbung.

Napfschnecken und Wellhornschnecken

Auch Napfschnecken und Wellhornschnecken sind Gastropoden. Wie die landlebenden Gehäuseschnecken besitzen sie nur eine einzige Schale, sind daher ebenfalls „Univalvia“. Napfschnecken haben keine spiralförmige, sondern eine konische Schale und sind je nach Art entweder Pflanzenfresser oder Filtrierer. Wellhornschnecken dagegen sind räuberisch oder Aasfresser. Sie besitzen einen Siphon, der aus der Schale herausragt und Wasser in die Kiemen pumpt. Manche Arten haben auf der Hinterseite des Fußes einen Deckel, das „Operculum“.

▶ Was ist eine Nabelschnecke?

Nabelschnecken sind räuberische Schnecken wie die Wellhornschnecken oder Purpurschnecken. Nabelschnecken klettern auf ihr Beutetier, zum Beispiel eine Auster, und bohren ein kleines Loch in die Schale. Austern können sich nicht fortbewegen, und so gibt es kein Entkommen für sie. Wenn das Loch fertig ist, senkt die Nabelschnecke ihren Rüssel hinein und zerlegt mit ihrer bezahnten „Radula“ das Beutetier in Stücke, die aufgesaugt und verzehrt werden.

Nabelschnecken besitzen außerdem einen großen, muskulösen Fuß, mit dem sie ihr Opfer festhalten.

◀ Wann fressen Napfschnecken?

Napfschnecken leben in Kolonien an Felsküsten. Weil die Felsen bei Ebbe oft trockenfallen, müssen die Napfschnecken sich fest an den Untergrund anheften können, bis die Flut zurückkommt. Bei Flut lösen die Schnecken die Saugmuskeln in ihrem Fuß und weiden die Algen auf den Felsen ab. Sie entfernen sich bis zu einen Meter weit von ihrem Platz, kehren aber genau zum gleichen Ort zurück, um sich dort wieder festzuheften, bis es sicher genug für die nächste Mahlzeit ist.

Er ist zwar meist nicht sichtbar, aber der Fuß der Napfschnecken ist oft lebhaft grün-grau, gelb oder sogar orange gefärbt.

▶ Wie schafft es die Japanische Purpurschnecke, keine Spuren auf der Muschel zu hinterlassen?

Ursprünglich in Japan beheimatet, ist die Japanische Purpurschnecke heute sehr weit verbreitet, bis in den Westatlantik. Sie ist ein Räuber, der Austern, Miesmuscheln und andere Muscheln überfällt und sie öffnet. Dabei raspelt sie das Gelenk zwischen den beiden Schalen auf, sodass sie sich öffnen und der Schnecke den Zugang zum Weichkörper gestatten. Wenn die räuberische Schnecke ihr Mahl beendet hat, speit sie die leeren Muschelschalen aus.

Die Japanische Purpurschnecke legt ihre Eier in Matten von bis zu 130 Eikapseln auf dem Meeresboden ab.

Wie oft legen Wellhornschnecken Eier? Bis 10-mal im Jahr.

An vielen Stellen in der Welt sind Austernbänke durch eingeschleppte Schneckenarten bedroht.

Weshalb sind Pantoffelschnecken schädlich für Austern?

Pantoffelschnecken befestigen sich an Felsen, Steinen oder anderen Schnecken oder Muscheln und filtern organisches Material aus dem Wasser. Die Larven der Pantoffelschnecken suchen sich einen geeigneten Platz zum Anheften, und so können ganze „Schneckenrasen" entstehen, die mehrere Zentimeter dick werden können. Austernbänke können so völlig unter den Pantoffelschnecken verschwinden.

Tritonshörner, Kauris und Konusschnecken

Tritonshörner, Kauris und Konusschnecken gehören ebenfalls zu den Gastropoden. Sie leben im Meer und besitzen Kiemen, sodass sie im Wasser atmen können. Wie bei den Landschnecken ist ihre Schale meist spiralig aufgerollt, und häufig können sie die Öffnung mit einer Art „Falltür" verschließen. Sie besitzen zwei ziemlich gut entwickelte Augen, meist an der Basis der Fühler gelegen. Die meisten Arten sind getrenntgeschlechtlich.

▼ Wie jagt der Textilkonus?

Abweichend von den meisten Weichtieren, die ganz harmlos sind, sind die Konusschnecken giftig, darunter einige sehr, zum Beispiel der Textilkonus. Er ruht tagsüber wie die meisten Mollusken und geht nachts auf Jagd. Er verzehrt hauptsächlich andere Weichtiere und benutzt bei der Jagd vor allem seinen Geruchssinn. Bei der Annäherung stülpt er seinen langen Rüssel aus und untersucht das Beutetier. Wenn er die Öffnung gefunden hat, ertastet er mit dem Rüssel den Weichkörper und schießt sodann einen seiner giftbeladenen harpunenartigen Zähne ab, die an einem Faden hängen. Wenn das Opfer vergiftet ist, wird es verschlungen.

Das Gift des Textilkonus ist auch für den Menschen gefährlich und kann in Minutenfrist tödlich wirken.

Wie viele Eier kann die Königshelmschnecke legen? Mehr als 300 000 Eier!

Früher machte man aus der Schale der Königshelmschnecke Waffen und Werkzeuge.

Wie groß ist eine Königshelmschnecke?

Es ist eine sehr große Schnecke in der Karibik, die bis 2 kg wiegen kann – sie hat die Größe und das Gewicht einer Bowlingkugel. Schutz gewährt ihr die große Schale und eine besondere, harte Platte, mit der sie sich festklammern und auf diese Weise vorwärtsziehen kann. Trotz ihrer Größe ist sie ganz harmlos und ernährt sich von Seegras. Leider ist es die Schale, die ihren Bestand gefährdet: Sie wird gern als Souvenir aufgesammelt und mitgenommen. Die Schale wird bis 25 cm lang.

▶ Wie kommt die Färbung der Kaurischnecken zustande?

Kauris haben eiförmige Schalen mit einer schmalen Öffnung. Die Tigerkauri ist eine der häufigsten Arten in vielen tropischen Meeren. Die unterschiedlichen Farbmuster auf der Schale sind genetisch bedingt, zeigen uns aber auch andere Dinge. Wenn eine Kauri in eine Gegend einwandert, wo die Bedingungen anders sind als dort, von wo sie herkommt, zeigt sich das oft an ihrer Schale. Eine hohe Konzentration an Nickel oder Zink im Wasser führt zum Beispiel zu sehr dunkler Färbung. Eisen kann Rostfarben hervorrufen, und andere Elemente bewirken verschiedene andere Farbtöne.

Kaurischalen glänzen wie Porzellan, weil sie von einer dünnen Haut, dem Mantel, umgeben und geschützt sind.

Leben alle Kauris einzeln?

Im Unterschied zu den meisten Kauris lebt die Arabische Kauri in Gruppen und wird häufig paarweise gefunden. Sie bevorzugt dunkle Orte, etwa unter großen Platten von Korallengestein, unter Felsen oder sogar in Höhlen. Dort ist sie vor Sonnenlicht und Räubern geschützt, etwa tagaktiven Raubfischen. Arabische Kauris sind nachts unterwegs und fressen Algen und Schwämme. Sie sind häufiger in Bereichen unterhalb der Niedrigwassermarke und auf Korallenriffen, seltener in größeren Tiefen.

Die Tigerkauri ist eine der größten Kauriarten und kann bis 9 cm lang werden.

Muscheln

Es gibt etwa 15 000 Arten von Muscheln, darunter Pilgermuscheln, Mördermuscheln, Austern und Miesmuscheln. Muscheln sind Weichtiere mit je einer Schale auf beiden Körperseiten, die geschlossen werden können. Viele besitzen auch einen „Fuß", mit dem sie sich fortbewegen. Die allermeisten Muscheln leben im Meer. Sie sind „Filtrierer", die Nahrungspartikel aus dem Wasser um sie herum ausfiltern. Manche heften sich an Felsen im Wasser, andere vergraben sich im Sand am Meeresboden.

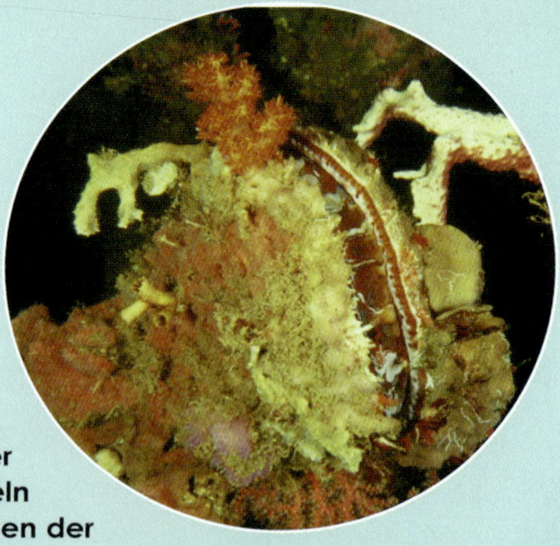

Die Zahl der Pilgeruscheln nimmt wegen der schlechter werdenden Wasserqualität ab. Abwässer vom Land und giftige Bootsanstriche töten die Muscheln.

▲ Wie schwimmen Pilgermuscheln?

Pilgermuscheln bewegen sich dadurch durchs Wasser, dass sie ihre Schalen abwechselnd öffnen und schnell wieder zuklappen. Wie bei allen Muscheln hält auch bei den Pilgermuscheln ein kräftiger Muskel die Schalen zusammen. Er ist aber besonders stark, weil er beim Schwimmen sehr beansprucht wird. Nur wenn Gefahr droht, schwimmen Pilgermuscheln. Die Kanten ihrer Schalen sind mit kurzen Tentakeln und vielen kleinen Augen besetzt, die ständig nach Feinden Umschau halten.

Auf dem Schwarzmarkt werden Schalen der Mördermuschel teuer als Dekoration verkauft.

Wie groß wird eine Mördermuschel?

Die Mördermuschel ist die größte lebende Muschel. Sie kann mehr als 180 kg wiegen, so viel wie zwei große Männer, und bis 1,5 Meter breit werden. Die erwachsene Muschel ist am Boden festgeheftet. Der Schalenrand ist von Algen gesäumt. Tagsüber öffnet die Muschel die Schalen, damit die Algen Licht für ihre Photosynthese bekommen. Als Belohnung wird die Muschel von den Algen ernährt.

Miesmuscheln befestigen sich mit zahlreichen Fäden an Felsen, oft sitzen Hunderte Muscheln beieinander.

▶ Wie bewegen sich Miesmuscheln?

Wie viele andere Muscheln benutzen Miesmuscheln ihren großen „Fuß“ zur Fortbewegung. Dafür strecken sie ihn durch eine Öffnung in den Schalen und graben ihn in den Boden ein. Dann schwillt der Fuß am Ende wie ein Anker an, und die Muschel kann sich damit fortziehen. Hat die Muschel einen günstigen Platz gefunden, scheidet sie ein Sekret aus, das im Wasser hart wird und die Muschel wie mit Zement an den Felsen anheftet.

Wie viele Augen haben Pilgermuscheln? Manche haben mehr als 100.

▼ Wie atmen Austern?

Austern atmen durch Kiemen, die aus dem Wasser Sauerstoff aufnehmen. Außerdem filtern sie mit den Kiemen Nahrungspartikel aus. Austern besitzen eine sehr feste Schale, und sie brauchen besonders starke Muskeln, um sie geschlossen zu halten. Die Larven der Austern schwimmen frei herum, bis sie einen geeigneten Platz zum Anheften finden, an dem sie zeitlebens bleiben.

Austern sind nützlich, da sie das Wasser von Schmutzteilchen reinigen. Sie können in einer Stunde 5 Liter Wasser filtern.

Tintenfische und Kraken

Tintenfische und Kraken sind hochentwickelte Weichtiere, die als „Kopffüßer“ bezeichnet werden. Sie sind die einzigen Mollusken, die den Fischen Konkurrenz machen. Im Gegensatz zu fast allen anderen Weichtieren besitzen Tintenfische keine äußere Schale. Allerdings haben die Sepien und Kalmare eine innere Schale und dazu 10 Fangarme mit Saugnäpfen. Doch die Kraken haben gar keine Schale mehr und nur 8 Arme. Bei beiden ist der Mund schnabelförmig, und sie besitzen hochentwickelte Augen, die denen der Säugetiere in der Sehschärfe entsprechen.

Der Blauringoktopus besitzt zwei verschiedene Giftdrüsen – eine zum Beutefang, die andere zur Verteidigung.

▼ Bewegung der Karibischen Sepia?

Die Karibische Sepia schwimmt nach dem Rückstoßprinzip. Sie saugt Wasser an und stößt es wieder aus, wodurch sie sich in entgegengesetzter Richtung fortbewegt. Die Karibische Sepia lebt an Riffen und hat keine Scheu vor Tauchern. Ihr Körper ist breiter und nicht so stromlinienförmig wie der anderer Sepien, daher schwimmt sie weniger elegant. Sie ist auf der Oberseite grün-braun gesprenkelt, während die Unterseite zur Tarnung heller ist.

▲ Ist der Blauringoktopus gefährlich?

Ja, sehr! Er ist der giftigste Krake überhaupt. Das Gift des Blauringoktopus reicht aus, um binnen Minuten 26 Menschen zu töten – obwohl das Tier kaum größer als ein Golfball ist! Das Gift ist stärker als alle Gifte von Landtieren. Glücklicherweise ist er nicht aggressiv und beißt nur zur Verteidigung. Die großen blauen Ringe auf seiner Haut leuchten auf, wenn er sich bedroht fühlt.

Wie klug ist ein Krake?

Tintenfische besitzen die größten Gehirne aller Wirbellosen, und der Gemeine Krake hat das größte Gehirn im Vergleich zur Körpergröße. Das macht ihn zum klügsten Wirbellosen überhaupt. Forscher haben in Versuchen bewiesen, dass er fähig ist, komplizierte Zeichen zu lernen, um an Nahrung zu gelangen. In der Natur benutzt er seine Fangarme, um in Spalten Krabben und andere Kleintiere aufzuspüren und die Beute zu seinem Mund zu führen und zu zerbeißen.

Karibische Sepien können durch Veränderung ihrer Körperfarbe miteinander kommunizieren.

Frisst irgendjemand die Riesenkalmare?

Riesenkalmare und andere Tiefseekalmare sind ein wichtiger Teil der Nahrung von Pottwalen. Es müssen sich dramatische Kämpfe unter Wasser abspielen, denn viele Pottwale zeigen Spuren der Kämpfe, vor allem der großen Saugnäpfe. Riesenkalmare gelten als größte Wirbellose und können bis 16,5 m lang werden und 2 Tonnen wiegen. Doch haben Forscher in Neuseeland kürzlich einen noch größeren Kalmar gefangen, der nicht einmal ausgewachsen war.
Sie nannten ihn den „kolossalen" Kalmar. Wie der Riesenkalmar besitzt er einen großen Schnabel, außerdem noch gedrehte Haken am Ende der Fangarme. Er könnte mehr als 25 Meter lang werden.

Niemand hat je einen Riesenkalmar in seiner natürlichen Umwelt gesehen – es ist zu tief!

Wie lange lebt ein Blauringoktopus?
Er ist nicht langlebig, nur etwa 2 Jahre.

Der Gemeine Krake ist ein Einzelgänger, der sein Territorium gegen Artgenossen verteidigt.

Krill, Garnelen und Hummer

Krill, Garnelen und Hummer gehören alle zu den Krebsen. „Krill" ist ein norwegischer Begriff und bedeutet „Fischfutter". Er bildet tatsächlich eine enorm wichtige Nahrung für viele Meerestiere, zum Beispiel Wale, Seevögel und Robben. Krill ernährt sich von Algen, die mit feinen Härchen an den Beinen gesammelt werden. Hummer und Garnelen sind Dekapoden, was „Zehnfüßer" bedeutet. Beim Hummer ist das erste Beinpaar zu einer Schere geworden. Beim Krill, den Garnelen und Hummern ist der Hinterleib lang gestreckt, nicht kurz wie bei den Krabben.

Bei Verletzungen können beim Hummer wie bei vielen anderen Krebsen bestimmte Körperteile wieder nachwachsen.

▼ Was frisst die Harlekingarnele?

Die auffallend gemusterte Harlekingarnele hat eine ganz spezielle Vorliebe: Seesterne. Sie findet diese mit ihrem Geruchssinn, löst die Arme des Seesternes vom Untergrund und dreht ihn um, wodurch er hilflos wird. Dann frisst die Garnele die zarten Füßchen, wobei sie außen beginnt und sich nach innen vorarbeitet. Zuweilen bewahrt sie den Seestern noch lebend für weitere Mahlzeiten auf.

Wie weit wandern Hummer?

Atlantische Hummer wandern aus größeren Tiefen, wo sie Schutz vor den Winterstürmen suchen, zu flachen Sandbänken, wo die Weibchen ihre Eier in Gruben im Sand ablegen. Diese Wanderung kann 150 km betragen und einen Monat lang dauern. Hummer sind nachtaktiv und orientieren sich mehr mit dem Tastsinn als mit den Augen. Mit Haaren an Körper und Beinen nehmen sie außerdem Gerüche auf. Hummer sind Aasfresser, nehmen aber auch Seegras und lebende Fische und Wirbellose zu sich.

Nach der Paarung bleiben Harlekingarnelen ihr Leben lang zusammen.

Wie lange leben Hummer? Sie können 50 oder 100 Jahre alt werden.

▶ Wie verteidigen sich die Roten Bartgarnelen?

Werden sie angegriffen, stoßen Rote Bartgarnelen eine leuchtende Flüssigkeit aus. Diese besteht aus verschiedenen Chemikalien, die, wenn sie miteinander reagieren, Licht erzeugen. Man nennt das „Biolumineszenz“. Das helle Licht blendet den Angreifer und ermöglicht der Garnele die Flucht. Trotz ihrer lebhaften Farbe sind Bartkrebse im tiefen Wasser gut getarnt, denn bei schwachem Licht wirkt rote Farbe schwarz.

Die rote Farbe der Roten Bartgarnele leuchtet nur im Licht, ist aber tatsächlich eine hervorragende Tarnung in tiefem Wasser, wohin kaum noch Licht gelangt.

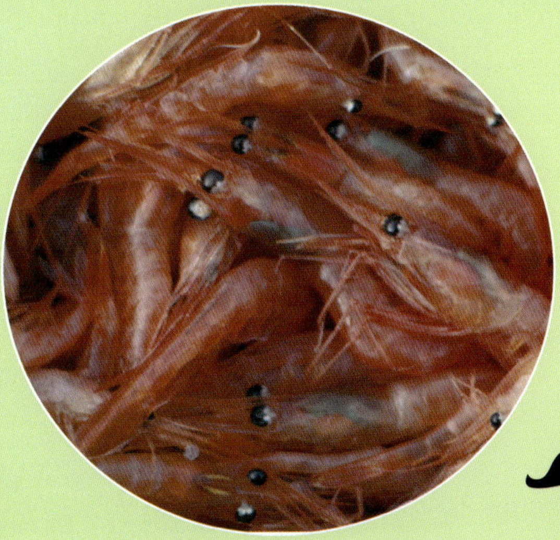

◀ In welchen Meeren kommt Krill vor?

Krill gibt es in allen Meeren. Der Krill der Antarktis ist die Basis für die Nahrungspyramide in allen südlichen Ozeanen und dient als Nahrung für große Populationen von Fischen, Walen, Robben und Seevögeln. Der gesamte Krill wiegt zwischen 100 und 800 Millionen Tonnen – das ist die größte „Biomasse“ eines Tieres auf der gesamten Erde.

Ein 1981 beobachteter Krillschwarm hatte wahrscheinlich ein Gewicht von 120 Millionen Tonnen.

Krabben

Krabben sind ebenfalls zehnfüßige Krebse. Wie der Hummer laufen sie auf vier Beinpaaren, das vordere dagegen ist zum Kämpfen, Fressen und Imponieren da. Wie bei allen Gliederfüßern ist der Krabbenkörper außen mit einer harten Schale bedeckt, dem „Exoskelett“. Der Hinterleib ist kurz, sodass Krabben breiter als lang sind. Beim Männchen ist er außerdem schmaler als beim Weibchen. Krabben sind Allesfresser und ernähren sich von Algen, Würmern, Weichtieren, Bakterien, Pilzen und Aas.

Ausgewachsene Weibchen des Muschelwächters werden manchmal zu groß, um die Muschel wieder zu verlassen, sie sind dann lebenslang eingesperrt.

▼ Woher bekommen Einsiedlerkrebse ihre Schale?

Einsiedlerkrebse gehören eigentlich nicht zu den Krabben, sind aber nah mit ihnen verwandt. Sie haben keinen harten Panzer wie die Krabben, sondern benutzen leere Schneckenschalen als Gehäuse. Doch müssen sie die Schale wechseln, wenn sie größer werden. Sie schleppen beim Laufen die Schale mit und ziehen sich in sie zurück, wenn Gefahr droht.

▲ Sind Erbsenkrabben wirklich so klein wie Erbsen?

Meistens, allerdings können sie auch so groß wie eine Bohne werden. Sie bewohnen die Schalen von Austern und anderen Muscheln und sind dort ungebetene Untermieter. Deshalb heißen sie auch „Muschelwächter“. Sie können Schaden bei Miesmuscheln anrichten, wenn sie gelegentlich die Kiemen ihrer Gastgeber anknabbern, außerdem stehlen sie der Muschel ihre Nahrung. Der Muschelwächter ist von Südskandinavien bis Westafrika und im Mittelmeer verbreitet.

Einsiedlerkrebse bewohnen eine Vielzahl von Lebensräumen – die meisten leben im Meer, aber einige sogar an Land.

Die Strandkrabbe ist sehr aggressiv und kämpft erbittert mit ihren Artgenossen.

▶ Welche Krabbe lebt in Spritzwassertümpeln?

Strandkrabben leben in bis zu 60 Meter Tiefe, aber oft auch in Marschen, Flussmündungen und Spritzwassertümpeln. Sie fressen Würmer, kleine Schnecken, kleinere Krabben, Algen, Aas und was sie sonst noch finden können. Vor allem junge Strandkrabben findet man in Spritzwassertümpeln.

Wie groß wird die Japanische Riesenkrabbe?

Die Spannweite einer ausgewachsenen Japanischen Riesenkrabbe kann 4 Meter betragen, dabei wiegt sie nur etwa 20 kg. Sie ist die größte Krabbe überhaupt. Sie lebt in 300-400 Meter Tiefe am Boden des Nordpazifiks. Der Körper der Riesenkrabbe ist orange, und die dünnen Beine sind weiß gefleckt. Trotz ihrer Größe und ihres furchterregenden Aussehens ist sie ganz harmlos. Daher kann man sie leicht fangen, und so ist sie in ihrem Bestand gefährdet.

Wie viel Krabben essen wir?

Über 1,5 Mio. Tonnen im Jahr.

Die Japanische Riesenkrabbe ist eine sehr altertümliche Krabbe und wird oft als lebendes Fossil bezeichnet.

Hundertfüßer & Tausendfüßer

Hundertfüßer und Tausendfüßer sind Gliederfüßer mit einem langen, segmentierten Körper und zahlreichen Beinen. Hundertfüßer sind Räuber, die ihre Beute mit ihren starken Giftklauen überwältigen. Sie haben auch einen flacheren Körper als die zylindrischen Tausendfüßer. Diese sind Vegetarier, die sich von verfaulendem und frischem Pflanzenmaterial ernähren. Bei den Hundertfüßern trägt jedes Segment nur ein Beinpaar, bei den Tausendfüßern dagegen zwei. Daher besitzen Tausendfüßer meist mehr Beine als Hundertfüßer, aber immer weniger als 1000!

▼ Wie verteidigen sich Tausendfüßer?

Obgleich er so groß wird, ist der Riesentausendfüßer ein langsames Tier, das weder beißen noch stechen kann. Daher ist sein harter Panzer der wichtigste Schutz, denn viele kleine Räuber können ihn mit ihren Kiefern nicht knacken. Außerdem rollt er sich zum Schutz der weichen Unterseite zu einem Ball zusammen und versteckt seine Beine darin. Einige Tausendfüßer können auch giftige Stoffe aus Drüsen an der Seite oder auf dem Rücken abgeben – manche benutzen dafür sogar Blausäure!

Der Riesentausendfüßer rollt sich zum Schutz zusammen.

Der Körper des Riesenhundertfüßers besteht aus 20-23 Segmenten, und er besitzt 40-46 Beine.

◀ Können Hundertfüßer wirklich Fledermäuse fressen?

Der Riesenhundertfüßer tut das wirklich. Er ist der größte auf der ganzen Welt und wird bis 33 cm lang. Auf der Jagd kriechen die Riesenhundertfüßer in Höhlen und hängen sich an die Decke. Sie sind imstande, Fledermäuse im Flug zu fangen, die sie mit ihrem starken Gift betäuben. Sie überwältigen ebenso andere Wirbeltiere wie Eidechsen, Frösche, kleine Vögel und Mäuse. Der Riesenhundertfüßer kommt in Südamerika und in der Karibik vor.

Mit ihrem runden Kopf können sich Tausendfüßer gut durch die Laubstreu schieben.

Wie laufen Tausendfüßer?

Beim Laufen heben Tausendfüßer jeweils ein Beinpaar – das sieht aus, als laufe eine Welle über den Körper. Ebenso wie die Hundertfüßer sehen sie schlecht, sodass sie sich mit den Antennen orientieren, die den Boden vor ihnen abtasten. Auf dem zweiten oder dritten Beinpaar sitzen spezielle Haare zum Säubern der Antennen. Tausendfüßer ernähren sich von Detritus (verrottendem Holz) und abgefallenen Blättern. Daher spielen sie eine wichtige Rolle für den Abbau organischer Stoffe.

Wie viele Beine hat ein Tausendfüßer?
Die grösste Anzahl ist 750, aber die meisten haben zwischen 80 und 400.

Hundertfüßer können bis 170 Beinpaare besitzen, manche haben aber nur 30.

▶ Welche Hundertfüßer findet man unter Steinen?

Den Europäischen Steinläufer findet man häufig unter Steinen. Er ist kastanienbraun gefärbt und jagt Insekten, Spinnen und andere kleine Wirbellose, darunter auch andere Hundertfüßer. Erwachsen wird er 2,5 cm lang und hat etwa 30 Beinpaare. Er sieht schlecht und benutzt daher seine Antennen zur Orientierung. Er kann ebensogut rückwärts wie vorwärts krabbeln und findet seine Beute ebenso wie das Weibchen durch den Geruch.

Springschwänze, Silberfischchen, Fransenflügler und Läuse

Springschwänze, Silberfischchen, Fransenflügler und Läuse sind Insekten. Sie sind nicht näher miteinander verwandt, aber alle klein – Fransenflügler gehören zu den kleinsten Insekten überhaupt. Springschwänze können ihren Feinden durch Springen entkommen, doch Silberfischchen und Läuse können weder springen noch fliegen. Einige dieser Insekten können sich ohne Paarung fortpflanzen, und ihre Jungtiere gleichen sofort nach dem Verlassen der Eier den Erwachsenen. Aus diesem Grund gelten sie als sehr urtümliche Insekten. Läuse ernähren sich von Schimmel oder von Pflanzen, doch manche sind blutsaugende Parasiten. Springschwänze, Silberfischchen und Fransenflügler fressen eine Vielzahl unterschiedlicher Dinge, und manche von ihnen sind Schädlinge.

Bisher wurden 5000 Arten von Fransenflüglern beschrieben.

▲ Wie fliegen Fransenflügler?

Für Fransenflügler kann das Fliegen schwierig sein. Sie haben sehr schmale Flügel, die mit vielen Härchen besetzt sind, was die Flügel leichter und flexibler als normale Flügel macht. Sie können sich nicht durch Flügelschlagen in die Luft erheben, daher springen sie ab und segeln davon. Wegen ihrer geringen Größe riskieren sie zu ertrinken, wenn es regnet. Man glaubt, dass der Luftdruck der fallenden Tropfen sie aus der Bahn der Tropfen drückt. Fransenflügler ernähren sich von Pflanzensäften, Blättern und Pollen.

◄ Wie halten sich Kopfläuse an den Haaren fest?

Kopfläuse besitzen zwei kräftige Vorderbeine und sechs Klauen, mit denen sie sich an Haaren so festklammern, dass sie nicht durch Kämmen zu entfernen sind. Die Kopflaus ist die häufigste Laus, die am Menschen lebt, und man glaubt, dass sie sich lieber in sauberes Haar einnistet, weil sie sich dort besser festklammern kann. Sie verbreitet sich durch Körperkontakt, zum Beispiel, wenn Kinder sich beim Spielen mit den Köpfen berühren. Ihre Eier klebt sie an die Haare, und die Eier oder die leeren Eikapseln, die „Nissen", sind normalerweise das Zeichen für Läusebefall.

Wenn die jungen Läuse schlüpfreif sind, klappt der Deckel der Eikapsel auf und die Junglaus kriecht heraus.

▶ Wie springen Springschwänze?

Springschwänze haben am Bauch eine „Springgabel“, die im Ruhezustand gespannt ist. Bei Gefahr wird sie gelöst und katapultiert den Springschwanz in die Luft. Springschwänze leben in verrotteten Pflanzen und im Boden. Sie fressen „Detritus“, das heißt, sie verarbeiten faulende Stoffe, sodass sie schließlich wieder zu Erde werden. Sie kommen überall am und im Boden vor und meistens in ungeheuer großen Mengen. Sicherlich gehören sie zu den häufigsten Tieren auf der Erde.

Einige Springschwänze sind Pflanzenschädlinge, die meisten sind aber für die Bodenbildung enorm wichtig.

Wie lange leben Läuse? Mehrere Wochen lang, aber nur 48 Stunden fern von einem menschlichen Kopf.

Man nimmt an, dass Silberfischchen seit über 300 Mio. Jahren existieren.

Wie sehen Silberfischchen aus?

Der Körper der Silberfischchen besteht aus mehreren silbrigen, schuppigen Platten, die sehr flexibel sind, sodass sie sich in enge, feuchte Spalten zwängen können, ihre bevorzugten Lebensräume. Sie sind Nachttiere und bevorzugen feuchte, warme Umgebung. Silberfischchen verzehren stärkehaltige Nahrung wie Mehl, Brot, Papier und sogar Leim, Haare und Kopfschuppen. Sie fressen auch Bücher und Textilien.

Libellen

Heute kennen wir etwa 5600 Libellenarten. Sie lassen sich in zwei Gruppen einteilen: 2900 Arten „Großlibellen“ und 2700 Arten „Kleinlibellen“. Beide besitzen zwei Paar große, geäderte, unabhängig voneinander bewegliche Flügel und große Komplexaugen (die aus sehr vielen Einzelaugen bestehen). Libellen haben die größten Augen von allen Insekten. Sie fangen kleine fliegende Insekten wie Mücken, Fliegen, Bienen und Schmetterlinge, aber einige Arten fressen auch größere Tiere, zum Beispiel kleine Fische.

Warum heißen die Habichtslibellen so?

Der Name bezieht sich auf ihren nervösen, „habichtartigen“ Flug. Wie alle anderen Libellen können die Habichtslibellen die Flügel unabhängig voneinander bewegen, wodurch sie in der Luft stillstehen und zur Seite fliegen können. Sie setzen sich nur selten, sondern hängen eher von einem Zweig herab, wenn sie ruhen. Habichtslibellen gibt es auf der ganzen Welt. Mit ihren großen Komplexaugen können Libellen sogar nach hinten sehen.

▼ Was zeichnet die Kleinlibellen aus?

Alle Kleinlibellen, wie die Grüne Mosaikjungfer, sind schlanker und zierlicher als die Großlibellen. Darauf bezieht sich der Name „Jungfer“. Bei den Kleinlibellen liegen die Augen weiter auseinander, manche sogar fast auf kurzen Stielen, während die Augen der Großlibellen in der Mitte zusammenstoßen. Kleinlibellen fliegen meist langsamer und stellen beim Sitzen die Flügel nach oben, während Großlibellen sie seitlich ausgestreckt halten.

Der Bau ihrer Flügel erlaubt es den Libellen, ebenso rückwärts oder zur Seite zu fliegen wie vorwärts.

Viele Kleinlibellen sind gefährdet, weil ihre Brutgewässer verschwinden.

Welche ist die älteste Libelle?

Die Blütenschwanzlibellen sind die ältesten noch lebenden Libellen – wir kennen Fossilien von ihnen von vor über 150 Mio. Jahren. Ihren Namen bekamen sie wegen des blütenblattähnlichen Aussehens des Hinterleibsendes bei den Männchen. Es existieren nur mehr 11 Arten, doch ist die Riesenblütenblattlibelle zugleich die größte Libelle überhaupt, mit einer Flügelspannweite von 16,5 cm. Libellen pflanzen sich in Sumpfund Moorgebieten fort und entfernen sich auch nicht weit von dort.

Die Vorfahren der Libellen lebten bereits vor 300 Millionen Jahren – sie gehören zu den ältesten Insekten überhaupt.

Wie schnell fliegt eine Libelle?

Die Höchstgeschwindigkeit kann zwischen 30 und 60 km/h betragen.

▶ Wie sehen die Jungen der Libellen aus?

Ihr Aussehen ist von Art zu Art sehr verschieden. Generell leben die Jungtiere (die Larven) im Wasser und atmen mit Kiemen. Bei der Jagd lauern sie gut getarnt im Schlamm oder zwischen Pflanzen auf alles, was vorbeikommt. Larven großer Libellen greifen sogar kleine Fische wie den Stichling an.

Bei manchen Libellen kann die Entwicklung vom Ei zur erwachsenen Libelle sechs oder sieben Jahre betragen.

Termiten und Ohrwürmer

Termiten leben in großen Kolonien wie die Ameisen und einige Bienen und Wespen, sind aber mit ihnen nicht näher verwandt. Ohrwürmer dagegen leben einzeln. Allerdings zeigen auch sie Sozialverhalten: Sie sorgen für ihre Jungen und bauen kleine Nester für sie. Ohrwürmer fressen überwiegend Pflanzen, verbergen sich tagsüber in Verstecken und sind nachts aktiv. Obwohl sie nicht sehr nah verwandt sind, gehören Ohrwürmer und Termiten zu einer Gruppe geflügelter Insekten, die als „Neoptera“ bezeichnet werden. Einige besitzen flugtüchtige Flügel, andere haben reduzierte Flügel oder benutzen ihre Flügel nicht.

▼ Wie sorgen Ohrwürmer für ihre Jungen?

Der Gemeine Ohrwurm gräbt zum Schutz seiner Brut kleine Nistgruben in den Boden unter Rinde oder Steinen. Wird das Nest gestört, kommt die Mutter und trägt die Eier in ihren Kiefern zu einem anderen Platz. Sie putzt auch die Eier sorgfältig, um Pilzbefall zu vermeiden. Nach dem Ausschlüpfen ernährt sie die Jungtiere mit herausgewürgter Nahrung, die sie nachts rings um das Nest findet. Die Brutpflege dauert etwa zwei Wochen.

Glaub nicht an die Horrorgeschichten – Ohrwürmer kriechen nicht in dein Ohr und beißen dich!

▶ Wie groß sind Termitenbauten?

Die eindrucksvollsten Termitenbauten findet man in den Grassteppen, zum Beispiel in Afrika, wo manche Bauten 7 Meter hoch werden können – fast so hoch wie ein Haus! Die Bauten bestehen aus Ton, der mit Speichel vermischt ist und hart wie Beton wird, und sie haben einen zentralen Schornstein, der den Bau belüftet, damit er selbst in der heißen Mittagssonne im tropischen Afrika kühl bleibt.

Was haben die Kompasstermiten mit dem Kompass zu tun?

Die australischen Kompasstermiten heißen so, weil sie ihre Bauten im tropischen Grasland genau in Nord-Süd-Richtung ausrichten. Das tun sie wahrscheinlich, um Überhitzung zu vermeiden. Die flachen Bauten sind zwar morgens und abends der Sonne ausgesetzt und können so während der kühleren Tageszeiten Wärme aufnehmen, aber mittags, wenn der Bau in Gefahr gerät, in der tropischen Sonne Nordaustraliens zu überhitzen, bescheint die Sonne nur die Schmalseite.

Kompasstermiten heißen bei den Australiern „magnetic termites“.

Wegen ihrer sozialen Lebensweise können Termitenkolonien sehr groß werden; einzelne können bis zu 7 Mio. Termiten erreichen.

Wie groß wird eine Termitenkönigin? Manche können bis zu 13 cm lang werden!

Wie funktioniert ein Termitenbau?

Die Kolonie wird von einem König und einer Königin gegründet, die sich auch nach der Gründung noch paaren. Dann schwillt die Königin zu gewaltiger Größe an und wird sozusagen zu einer Eier produzierenden Maschine. Die ersten Eier werden zu „Arbeitern", die Futter suchen, die Jungen betreuen und anfangen, das Nest zu vergrößern. Wenn genügend Arbeiter da sind, werden „Soldaten" geboren, deren einzige Aufgabe die Verteidigung des Baues ist.

Wenn sie ein Nest gefunden hat, beißt sich die Königin ihre Flügel ab.

Heuschrecken und Grillen

Obwohl viele flügellos sind, besitzen die geflügelten Heuschrecken zwei Paar Flügel. Die Vorderflügel sind schmaler und an der Basis fester als die Hinterflügel. Heuschrecken besitzen große Komplexaugen und Fühler, und die Hinterbeine sind zu Sprungbeinen verlängert. Sie können Laute erzeugen („stridulieren"), indem sie die Beine aneinander oder an eine Reihe von kleinen Buckeln reiben. Die meisten legen ihre Eier in den Boden oder in Pflanzen. Aus den Eiern schlüpfen flügellose „Nymphen", die schon ganz den Erwachsenen gleichen.

▶ Was zeichnet die Maulwurfsgrille aus?

Maulwurfsgrillen leben fast ausschließlich im Boden. Deshalb, und weil sie wie die meisten Grillen Nachttiere sind, sieht man sie nur selten. Sie bewohnen ausgedehnte Röhrensysteme, die sie mit den schaufelartigen Vorderbeinen im Boden auf Äckern, in Gärten, und sogar auf Golfplätzen anlegen, daher werden sie häufig sehr schädlich. Anders als ihre Namensvettern unter den Säugetieren besitzen Maulwurfsgrillen durchaus große, funktionstüchtige Augen, die sie auch brauchen, wenn sie in der Paarungszeit nachts herumfliegen, manchmal bis 8 km weit.

In manchen Gebieten werden Maulwurfsgrillen seltener, vor allem wegen der Bodenerosion und der Zerstörung ihrer Lebensräume.

◀ Wann bilden Wanderheuschrecken Schwärme?

Wanderheuschrecken sind ziemlich große Heuschrecken, die sich unter günstigen Umständen sehr schnell vermehren können. Erreicht die Population eine bestimmte Größe, bilden sie einen Schwarm und fangen an zu wandern, um neue Futterplätze zu finden.
Die Jungtiere heißen „Nymphen" und können sich nur springend fortbewegen.
Erst die Erwachsenen bilden die eigentlichen Schwärme, aber beide können große Strecken zurücklegen und gewaltige Schäden anrichten. Die Wanderheuschrecke ist eine der häufigsten Arten und über Afrika, Asien und Australien verbreitet. Früher war sie sogar in Europa recht häufig, ist aber heute selten geworden.

Einer der größten bekannten Schwärme der Wanderheuschrecke zählte 40 Milliarden Tiere.

▶ Wie zirpen Grillen?

Nur die männliche Grille zirpt. Sie „kann" zwei Lieder, ein „Ruflied" und ein „Balzlied". Der Ruf ist viel lauter und soll zugleich Weibchen anlocken und Männchen vertreiben. Das Balzlied setzt ein, wenn das Weibchen in der Nähe ist, und es ist viel leiser. Die Flügel der Männchen tragen feilenartige Zahnreihen, die, wenn sie aneinander gerieben werden, einen Laut erzeugen, wie wenn man mit dem Fingernagel über einen Kamm streicht. Diese Lauterzeugung wird „Stridulation" genannt, und die Gesänge unterscheiden sich von Art zu Art und auch je nach der Temperatur.

Um die Balzrufe hören zu können, haben Grillen und Heuschrecken Gehörorgane an den Knien ihrer Vorderbeine.

Wie weit kann eine Heuschrecke springen? Das 20- bis 80-Fache ihrer eigenen Größe (das ist so viel, wie wenn ein Mensch über eineinhalb Fussballfelder springt).

Eine Heuschrecke besitzt 900 verschiedene Muskeln – der Mensch nur 792.

Kann man Heuschrecken essen?

In vielen Ländern, vor allem in Afrika und Asien, gelten Heuschrecken und Grillen als wohlschmeckend und werden gebacken als Snack oder Hauptmahlzeit gegessen. Eine bestimmte Gruppe von Heuschrecken zu essen wäre allerdings nicht ratsam. Das sind die Prachtheuschrecken, die bereits durch ihre auffälligen Farben zeigen, dass sie giftig sind. Die seltsamste ist die südafrikanische Euphorbienschrecke, die bei Belästigung mit ihren Hinterbeinen einen schlecht riechenden Schaum produziert.

Schaben und Fangschrecken

Schaben haben einen abgeflachten, ovalen Körper, kauende Mundwerkzeuge, nach unten gerichtete Beine und lange Antennen. Die meisten Arten sind geflügelt, doch laufen sie meist am Boden herum. Sie gehören zu den ältesten Insekten und sind Überlebende aus dem Erdaltertum. Die langsameren Fangschrecken kann man leicht an ihren hochgehaltenen Fangbeinen erkennen, und ihre Komplexaugen sitzen oben an den Seiten ihres dreieckigen, sehr beweglichen Kopfes.

▼ Leben Schaben in Familien?

Die Jungtiere vieler Schaben, etwa der Amerikanischen Schabe, leben in Familiengruppen zusammen. Der Grund ist: Sie fressen Holz. Holz ist aber schwer zu verdauen, doch die Schaben haben in ihrem Darm Mikroben, die bei der Verdauung helfen. Die Jungschaben besitzen die Mikroben noch nicht und bekommen sie dadurch, dass sie die Häute und die Auskleidung des Darmes von älteren Schaben fressen, die bei der Häutung übrig bleiben. Erwachsene Schaben häuten sich nicht mehr, daher müssen die Jungtiere mit ihren älteren Brüdern und Schwestern zusammen sein, um die lebenswichtigen Mikroben zu bekommen.

Stinken Schaben?

Viele tun es – manche Arten geben nach dem Fressen einen üblen Geruch ab. Eine allerdings, die Florida-Waldschabe, benutzt ihren Geruch zur Verteidigung. Wird sie belästigt, versprüht sie eine übel riechende Flüssigkeit, die sogar die menschliche Haut reizen kann. Sie lebt in Zentral- und Südflorida in Nordamerika und bewohnt Baumstümpfe, Höhlungen im Kalkstein und Holzstapel. Nicht gereizt, riecht sie allerdings wie eine Maraschinokirsche!

Schaben können zwei bis drei Wochen ohne Nahrung und Wasser aushalten und bis zu 42 Tage ohne Nahrung.

Seit wann gibt es Schaben auf der Erde? Seit mindestens 340 Millionen Jahren!

Die Fangbeine einer Gottesanbeterin werden in Sekundenbruchteilen ausgeschleudert.

▶ Wie jagen Fangschrecken?

Fangschrecken sind Lauerjäger, die auf Beute warten und überraschend zuschlagen. Da es ungünstig ist, unter einem Blatt oder einer Blüte zu lauern, sitzt die Teufelsblume direkt auf der Blüte, die sie in Form und Farben nachahmt. Die Teufelsblume hat rosa Arme und einen rosa Hinterleib in der gleichen Farbe wie die Blüte, und die Schenkel ihrer beiden hinteren Beinpaare sind verbreitert und sehen aus wie Blütenblätter.

Fangschrecken haben nur ein Gehörorgan, daher können sie oft nicht orten, aus welcher Richtung Geräusche kommen.

Fressen die Weibchen der Gottesanbeterin tatsächlich ihre Männchen?

Es ist wahr, dass die Männchen der Gottesanbeterin ihr Leben riskieren, wenn sie sich dem Weibchen zur Paarung nähern. Sie sind kleiner als das Weibchen und können durchaus von den bezahnten Fangbeinen verwundet werden. Kannibalismus ist nicht häufig (kommt jedoch vor bei Hunger), beruht aber wohl auf einem Missverständnis. Daher muss sich das Männchen immer sehr vorsichtig und langsam nähern und die richtigen Signale aussenden.

Stabheuschrecken und Wandelnde Blätter

Wie die Fangschrecken leben auch die Stabheuschrecken und Wandelnden Blätter (die „Phasmiden“) oft in Büschen und Bäumen, doch sind sie alle Vegetarier. Die meisten fressen nur nachts, weil sie langsam und tagsüber wehrlos sind. Daher haben viele eine extrem effektive Tarnung entwickelt. Bei den Stabheuschrecken ist der Körper lang gestreckt wie ein Zweig oder Stock, die Wandelnden Blätter der Familie „Phyllidae“ dagegen haben einen flachen, blattförmigen Leib.

Schwärme von Stabheuschrecken ziehen zuweilen Vögel an, die sich zu einem Festschmaus versammeln.

◀ Sind Stabheuschrecken Einzelgänger?

Einige Arten rotten sich in sehr großen Mengen zusammen und können dann beträchtlichen Schaden anrichten. Eine australische Art, Didymuria violascens, kann enorme Schäden an Eukalyptusbäumen anrichten. 1963 entlaubte ein Schwarm dieser Stabheuschrecken ein Gebiet von fast 1700 Quadratkilometern an Eukalyptuswald. Eukalypten sind nicht sehr widerstandsfähig, wenn sie zu viele Blätter verlieren.

Haben Stabheuschrecken irgendwelche Abwehrmechanismen?

Stabheuschrecken verlassen sich nicht nur auf ihre Tarnung – sie haben auch andere Möglichkeiten. Eurycantha horrida aus Neuguinea trägt auf dem ganzen Körper spitze Stacheln. Bei Berührung schlägt sie mit den Hinterbeinen nach dem Angreifer. Sie kann ihren Körper auch einrollen, sodass sie wie eine angriffsbereite Schlange aussieht. Andere Stabheuschrecken imitieren Skorpione, und manche versprühen Chemikalien bis 40 cm weit gegen Angreifer.

Es gibt etwa 2500 Arten von Stabheuschrecken.

Können Wandelnde Blätter fliegen?

Wie bei vielen Stabheuschrecken können die Männchen fliegen, die Weibchen nicht. Die großen Vorderflügel der Wandelnden Blätter liegen dem Hinterleib dicht an und sind geädert wie Blätter. Wie bei vielen Stabheuschrecken müssen die Weibchen nicht unbedingt von Männchen befruchtet werden, um Eier legen zu können. Die Eier werden einfach fallen gelassen, sie sehen oft aus wie Samen und werden von Ameisen in ihre Nester getragen.

Wir kennen 47 Millionen Jahre alte Fossilien von Wandelnden Blättern.

▼ Wie tarnen sich Stabheuschrecken?

Nicht immer verbergen sich Stabheuschrecken im Blattwerk oder zwischen Zweigen. Manche imitieren Zweige, die hoch oben aus dem Kronendach des Regenwaldes herabgefallen sind. Das geschieht ununterbrochen, und die Zweige fallen auf die unteren Blätter. Die Stabheuschrecken setzen sich in die Mitte solcher Blätter, wohin die abgefallenen Zweige normalerweise fallen. Bei Gefahr lassen sich manche Arten dann einfach auf den Waldboden fallen, wo sie wieder wie ein abgefallener Zweig aussehen.

Die meisten Stabheuschrecken schwanken im Wind genauso wie die Zweige und Blätter ringsum.

Wo leben Wandelnde Blätter? In Wäldern auf den Inseln im Indopazifik, in Afrika, Ceylon und in Teilen Nordaustraliens.

Wanzen und Zikaden

Es gibt über 67 000 Arten von Wanzen und Zikaden, und sie sind in jedem Lebensraum zu finden – in Gärten, Gebirgen, Seen, Flüssen und Tümpeln. Viele sind für den Menschen schädlich, aber noch mehr sind nützlich, weil sie Pflanzen bestäuben oder tote Tiere fressen. Wanzen und Zikaden gehören zur Ordnung „Hemiptera", das griechische Wort für „halbe Flügel", das sich auf den Flügelbau bezieht. Ihr wichtigstes Merkmal ist, dass sie keine Kiefer, sondern einen Stech- und Saugrüssel besitzen.

▼ Leuchten Laternenträger nachts?

Viele Leute glauben, dass der Kopf der Laternenträger nachts leuchtet. Sie sind vielleicht die seltsamsten Zikaden überhaupt, vor allem ihr Kopf ist in verschiedener Weise bizarr geformt. Es gibt ungefähr 750 Arten, von denen die meisten in Regenwäldern leben. Der bizarrste ist vielleicht der Laternenträger, dessen Kopf wie eine riesige Laterne aussieht.

Laternenträger ernähren sich von Baumsäften.

◀ Können Zikaden singen?

Nicht wirklich – doch die Singzikaden können einen ganz schönen Lärm machen. Es sind die Männchen der etwa 2250 Arten weltweit, die „singen". Die Lauterzeugung entsteht durch schnelles Vibrieren einer Membran, die mit Luftsäcken im Körper in Verbindung steht. Manche Zikaden tönen wie eine Kettensäge. Zikaden können bis 10 cm lang werden und haben einen großen, runden Kopf. Sie besitzen durchsichtige Flügel und fliegen gut.

Zikaden werden in manchen Gebieten gegessen, auch in der chinesischen Medizin finden sie Verwendung.

◀ Welche ist die größte Wanze?

Die größten sind die Riesenwasserwanzen, die in der ganzen Welt, aber vor allem in Amerika und Asien verbreitet sind. Die größte Art kann 12 cm lang werden. Riesenwasserwanzen jagen kleine Fische, Frösche und Krebse, wobei sie bewegungslos am Grund von Bächen oder Tümpeln lauern und vorbeikommende Beute plötzlich packen. Sie injizieren ein kräftiges Gift mit ihrem Rüssel und saugen dann das verflüssigte Beutetier ein.

Die Männchen der Riesenwasserwanzen tragen die Eier auf dem Rücken.

Der Stich welcher Wanze tut am meisten weh? Derjenige der Riesenwasserwanze – es ist der schmerzhafteste Stich aller Insekten.

Krötenwanzen haben zur besseren Tarnung oft Erde oder Steinchen auf dem Rücken.

Welche amerikanische Wanze ist keine echte Wanze?

Die in Amerika „Krötenwanzen" genannten Tiere sind eigentlich Heuschrecken. Sie haben eine warzige Oberfläche und gleichen darin den Kröten. Auch die vorragenden Augen sehen aus wie die der Kröten. Krötenwanzen leben am Rand von Gewässern, wo sie bestens getarnt sind – denn sie sehen aus wie kleine Steinchen. Wir kennen etwa 75 Arten, die überwiegend in Nord- und Südamerika beheimatet sind.

Netzflügler und Köcherfliegen

Sowohl Netzflügler wie Köcherfliegen gehören zu der großen Gruppe flugfähiger Insekten, die „Neoptera“ genannt werden. Zu den Netzflüglern der Ordnung „Neuroptera“ gehören die Ameisenlöwen und Fanghafte. Köcherfliegen sind „Trichoptera“, was „Haarflügel“ bedeutet, weil ihre Flügel mit kleinen Härchen besetzt sind. Sowohl Netzflügler wie Köcherfliegen benutzen beide Flügelpaare zum Fliegen – wobei das vordere Paar etwas vor dem hinteren Paar schlägt –, und beide machen eine vollständige Metamorphose durch.

Ameisenlöwen können 8 cm breite und 5 cm tiefe Trichter graben – groß genug, um darin einen Golfball zu verstecken.

▼ Sind die Fanghafte mit den Fangschrecken verwandt?

Obwohl sie sich in Aussehen und Verhalten sehr gleichen, sind sie nicht näher verwandt. Fanghafte fangen ihre Beute mit den bestachelten Vorderbeinen und halten diese oft auch in der gleichen Stellung wie die Fangschrecken. Sie jagen kleine Schmetterlinge, Raupen, Spinnen und andere Insekten, und auch ihre Larven sind räuberisch und fressen die Larven von Bienen und Wespen und von Spinnen. Die meisten Fanghafte sind grünlich oder braun, manche aber auch gelb oder sogar rosa.

▲ Wo leben Ameisenlöwen?

Sie gibt es überall auf der Welt in sandigen Gegenden, zum Beispiel am Rand von Kiefernwäldern, wo auch die Erwachsenen sich paaren. Die Larven graben tiefe Trichter in den Sand, an deren Grund sie versteckt sitzen, sodass nur die Kiefer herausschauen. Sie bevorzugen trockene, sonnige und wind- und regengeschützte Plätze. Wenn eine Ameise in den Trichter gerät, rutscht sie auf dem losen Sand immer tiefer, bis der Ameisenlöwe sie mit den Kiefern packen und aussaugen kann.

Die grünen Eier der Fanghafte sind gestielt und werden in Gruppen abgesetzt.

▼ Wo legen Köcherfliegen ihre Eier ab?

Auf der Wasseroberfläche oder an Wasserpflanzen. Die Larven vieler Arten sind große Baumeister, die aus Seide, Sand und Muschelstücken spiralige Röhren bauen. Die Röhre wird mitgeschleppt und beim Laufen von einem Paar hakenförmiger Beine festgehalten. Wenn die Larven wachsen, bauen sie sich eine neue, größere Röhre, in der sie sich auch verpuppen. Aus der Puppe schlüpft schließlich das geflügelte Insekt. Manche Larven sind allerdings frei schwimmende Räuber.

Wovon ernähren sich Florfliegen?

Sie fressen Blattläuse und andere zarte Insekten. Die Larven mancher Arten tarnen sich mit den leeren Hüllen ihrer Beutetiere – so sehen sie wie kleine Schmutzteilchen aus. Florfliegenlarven haben sehr lange und schlanke Kiefer („Mandibeln" genannt), die vorn gekrümmt sind. Sie bohren sich in das Beutetier ein, und durch sie werden die Körpersäfte wie durch zwei Strohhalme aufgesaugt.

Die Larven der Köcherfliegen befestigen verschiedene Gegenstände an ihrer Röhre, um sie besser zu tarnen.

Florfliegen verständigen sich durch Klopfen auf die Oberfläche, auf der sie sitzen.

Wie viele Blattläuse kann eine Florfliegenlarve fressen? Diese Räuber fressen jeden Tag bis zu 50 Stück.

Fliegen und Mücken

Obwohl viele Insekten das Wort „Fliege" in ihrem Namen tragen, sind die eigentlichen Fliegen eine ganz andere Gruppe geflügelter Insekten. Vor allem besitzen sie nur ein einziges Paar Flügel. Anstelle des hinteren Flügelpaares haben sie ein Paar kolbenförmige Stummeln, die „Halteren". Daher sind sie besonders elegante Flieger. Fast alle Fliegen ernähren sich saugend von Flüssigkeiten wie Blut oder Nektar. Manche haben ein schwammförmiges Organ, mit dem sie Nahrung verflüssigen und aufnehmen können.

▼ Wie jagen Raubfliegen?

Raubfliegen sind sehr schnelle Flieger, die andere Fliegen und vielerlei Insekten jagen. Mit ihren kräftigen Beinen können sie ihre Beute im Flug greifen. Wie die meisten Fliegen besitzen auch sie zwei sehr große Komplexaugen, dazu noch drei Einzelaugen dazwischen. Raubfliegen stechen ihre Beute mit ihrem kurzen Rüssel. Dann injizieren sie Speichel, der ein Nervengift enthält. Das Gift tötet die Beute, und der Speichel verflüssigt die inneren Organe.

Raubfliegen greifen Schmetterlinge, Käfer, Bienen, Libellen, Heuschrecken und sogar bestimmte Spinnen an.

Die Maden der Stubenfliege können binnen eines Tages aus dem Ei schlüpfen – manchmal sogar nach nur 8 Stunden.

▲ Wie wachsen Fliegen?

Fliegen machen wie die meisten Insekten eine vollständige Entwicklung durch, vom Ei über das Larvenstadium, die Made, und die Puppe in das Erwachsenenstadium. Manche Fliegen ernähren sich von faulendem Fleisch oder Aas. Daher können bestimmte Fliegenmaden zur Wundheilung benutzt werden, weil sie faulendes Fleisch wegfressen, das gesunde aber nicht angreifen. Fliegenmaden bilden auch die Nahrung für viele andere Tiere.

Was fressen Stubenfliegen eigentlich?

Sie nehmen alle zucker- oder stärkehaltigen Stoffe auf, die sie mit ihrem schwammartigen Rüssel auflösen können. Die Stubenfliege gehört zu den häufigsten Insekten und ist dem Menschen überallhin gefolgt. Sie konnte das, weil ihr Verhalten gut zu dem des Menschen passt: Sie legt ihre Eier in alle Sorten menschlicher Abfälle. Sie ist schädlich, weil sie in ihrem Speichel, aber auch am Körper Krankheitskeime überträgt.

Fliegen können weit über hundertmal in der Sekunde mit den Flügeln schlagen, manche sogar 1000-mal.

Wie lange dauert die gesamte Entwicklung bei der Stubenfliege? Nur 12-14 Tage.

▶ Saugen alle Moskitos Blut?

Nein, die Männchen ernähren sich von Nektar. Nur die Weibchen saugen Blut mit Hilfe ihres Stechrüssels. Sie brauchen das Blut für die Reifung der Eier. Moskitos sind höchst gefährlich, weil sie eine Anzahl schlimmer Krankheiten übertragen, darunter Malaria, Denguefieber und Gelbfieber. Die Keime werden beim Stich übertragen. Die Weibchen legen die Eier auf die Oberfläche von stehenden Gewässern, und die Larven ernähren sich von kleinen Pflanzen und Tieren im Wasser, bevor sie sich verpuppen. Sie machen daher eine vollständige Metamorphose durch.

Der Speichel der Moskitos enthält Enzyme, die die Blutgerinnung verhindern.

Schmetterlinge

Schmetterlinge unterscheiden sich von anderen Insekten dadurch, dass ihre Flügel mit kleinen Schuppen besetzt sind. Man kann sie in Tag- und Nachtschmetterlinge einteilen, je nachdem, wann sie fliegen. Die Fühler der Tagschmetterlinge enden in einem Knopf, während die der Nachtschmetterlinge sehr unterschiedlich gestaltet sind. Tagschmetterlinge ruhen mit zusammengefalteten Flügeln, viele Nachtschmetterlinge dagegen mit offenen.

▼ Gibt es Wanderfalter?

Ja, zum Beispiel der Monarch wandert. Jedes Jahr fliegen die kanadischen Monarchfalter nach Mexiko, um dort zu überwintern, und zwar zu genau demselben Platz wie ihre Vorfahren. Wie das geht, wissen wir nicht. Forscher glauben, dass der Monarch mit Hilfe eines Sonnenkompasses seinen Weg findet. Dieser muss dann, wie die meisten Verhaltensweisen bei Insekten, im Erbgut gespeichert sein, aber in welcher Weise, ist ebenso ungewiss. Da ist für die Forscher noch eine Nuss zu knacken!

Der Wanderzug des Monarchfalters erstreckt sich über 3200 km.

Wie schnell kann der Totenkopf fliegen?
Etwa 40 km/h, aber kurzzeitig noch schneller.

Warum sind Bärenspinner so auffällig gefärbt?

Wie viele andere Insekten warnen Bärenspinner ihre Feinde durch ihre Färbung. Sie schmecken schlecht und sind sogar mäßig giftig, wenn man sie isst. Der Name Bärenspinner kommt von den Raupen, die einen dichten, langen Haarpelz wie Bären tragen. Der Pelz schützt die Raupen vor den Feinden, weil diese ungern solch haarige Bissen verschlucken.

Bärenspinner können Töne im Ultraschallbereich ausstoßen, um Fledermäuse zu verwirren.

Der Schwalbenschwanz hat eine Spannweite von 8 bis 10 cm.

◀ Warum hat der Schwalbenschwanz einen so langen Schwanz?

Der Schwalbenschwanz ist in Europa weit verbreitet und ist auf Wiesen in Österreich, Italien und Spanien ebenso häufig wie an der Küste und auf Trockenhängen. Sein Name bezieht sich auf die Form seiner Flügel, die dem Schwanz einer Schwalbe gleichen. Sie dienen auch dem Schutz, denn man findet häufig Falter mit defekten Schwänzen, weil Vögel und andere Fressfeinde getäuscht worden sind und glaubten, die roten Flecke am Flügelrand seien Augen und der Schwanz Fühler. So glaubten sie, den Kopf anzugreifen, haben aber nur den Schwanz erwischt, während der Falter in die andere Richtung entkommen konnte.

Bei Belästigung rennen und springen männliche Totenkopffalter herum und stoßen dabei hohe, quietschende Töne aus.

▼ Woher hat der Totenkopf seinen Namen?

Der Name stammt von der schädelähnlichen Zeichnung auf der Oberseite. Manche Menschen glauben sogar, es gäbe Unglück, wenn der Totenkopf ins Haus kommt. Anders als die nektarsaugenden Schmetterlinge überfällt der Totenkopf Bienenkörbe auf der Suche nach Honig. Der Totenkopf ist ein guter Flieger, der den Sommer in Europa und den Winter in Afrika verbringt. Er legt seine Eier an Kartoffelpflanzen. Wegen des zunehmenden Gebrauchs von Insektiziden nimmt seine Zahl stetig ab.

Bienen und Wespen

Bienen und Wespen gehören zusammen mit den Ameisen zu den „Hymenoptera", den Hautflüglern. Sie besitzen vier dünne, durchsichtige Flügel, die mit kleinen Häkchen an der Rückseite der Vorderflügel miteinander verbunden sind und so wie ein einziger Flügel arbeiten. Bienen ernähren sich von Pflanzen, zum Beispiel vom Nektar aus Blüten. Wespen jagen andere Insekten, aber einige sind auch Parasiten.

Blattschneiderbienen sind nicht aggressiv, und ihr Stich ist harmlos.

▼ Leben alle Wespen in Nistkolonien?

Nein, viele Wespen leben einzeln. Sandwespen bauen einzelne Nester im Sandboden. Dazu braucht ein Weibchen etwa einen Tag. Dann prägt es sich das Nest genau ein und geht jagen. Wenn es eine Raupe gefunden hat, sticht es diese mehrfach, trägt sie zum Nest und legt mehrere Eier an ihr ab. Ist das Nest mit einer oder mehreren Raupen angefüllt, verschließt die Sandwespe den Eingang mit Erde. Wenn die Jungen schlüpfen, haben sie eine frische Futterquelle.

▲ Wie bauen Blattschneiderbienen ihr Nest?

Das Weibchen der Blattschneiderbienen lebt einzeln und baut Einzelnester. Dafür schneidet die Biene ein fast kreisrundes Stück aus einem Rosenblatt aus und trägt es zum Nest, das oft in einem hohlen Stängel oder zwischen den Wurzeln von Kakteen angelegt ist. Sie errichtet eine kleine Kammer, indem sie Blattstückchen mit ihrem klebrigen Speichel zusammennäht. Jede Kammer wird mit Pollen und Nektar und mit einem Ei bestückt. Darauf legt sie noch zusätzliche Blattstücke, sodass die junge Larve nach dem Schlüpfen genügend Nahrung vorfindet.

Es gibt 20 Arten von Sandwespen. Manche errichten leere Nester, um Bruträuber irrezuführen.

▶ Bauen Gewöhnliche Wespen Nester?

Ja, sie errichten jedes Jahr ein neues Nest. Im Frühling bauen die befruchteten Weibchen („Königinnen“) aus zerkautem Holz ein Papiernest. In die Kammern legt das Weibchen Eier und versieht sie mit zerkauten Insekten. Aus diesen Eiern schlüpfen dann die „Arbeiterinnen“, die Futter heranschaffen und am Nest weiterbauen, während die Königin nur noch Eier legt. Im Herbst verlassen die jungen Königinnen zusammen mit den Männchen das Nest, paaren sich und überwintern. Im nächsten Frühjahr fängt der Kreislauf wieder an.

Die Nester der Gewöhnlichen Wespe können bis zu 10 000 Tiere enthalten.

Wie oft fliegt eine Honigbiene am Tag aus?

Im Durchschnitt 15-mal.

Wie übersteht der Bienenstock den Winter?

Der Bienenstock überwintert, weil die Bienen im Stock Wärme erzeugen. Sie tun das durch Kontraktion ihrer Flugmuskulatur, ohne dabei mit den Flügeln zu schlagen – etwa so wie wir beim Schüttelfrost. Das kostet die Honigbienen sehr viel Energie, daher muss der Stock gut mit Honig versorgt sein. Der Honig wird in sechseckigen Wabenzellen aus Bienenwachs aufbewahrt.

Bienen besuchen jeden Tag mehrere hundert Pflanzen, dabei sammeln sie Pollen und befruchten die Pflanzen.

Ameisen

Obwohl Ameisen nah mit Bienen und Wespen verwandt sind, gibt es einige Unterschiede. Die Nahrung der Ameisen ist verschiedenartiger. Die meisten Ameisen sind Aasfresser, die die Umgebung ihrer Nester nach allem Fressbaren absuchen. Andere sind reine Pflanzenfresser, manche sind aber auch höchst aggressive Räuber, die andere Insekten jagen. Ameisen sind soziale Insekten und leben in mehr oder weniger großen Kolonien. Ihre Nester bestehen aus verschiedenartigsten Materialien. Manche Arten besitzen richtige Netzwerke aus mehreren Nestern mit vielen Millionen Tieren darin. Viele Ameisen können empfindlich stechen.

Die Nester der Blattschneiderameisen können 6 Meter tief im Boden liegen.

Wie groß können Ameisennester werden? Eine Kolonie aus 45 000 Nestern in Japan enthielt 300 Mio. Tiere und 1 Mio. Königinnen!

▲ Warum schneiden Blattschneiderameisen Blätter ab?

Blattschneiderameisen leben in den Regenwäldern Mittel- und Südamerikas und haben große unterirdische Nester, in denen sie die Nacht verbringen. Tagsüber ziehen die Arbeiter auf geruchsmarkierten Pfaden in die Baumwipfel, schneiden dort Blätter ab und transportieren sie zurück ins Nest. Dort zerkauen kleinere Arbeiter die Blätter zu einer Art Brei, auf dem sie Pilze ziehen. Diese Pilze werden als Nahrung „geerntet".

▼ Leben alle Ameisen in Nestern?

Fast alle, nur die Treiberameisen haben keine ständigen Nester. Sie errichten nur am Abend vorläufige „Biwaks". Sie leben in den Wäldern Afrikas sowie Mittel- und Süd-amerikas und sind dauernd auf der Jagd nach allem, was sie mit ihrer großen Zahl und den mächtigen Kiefern überwältigen können, sogar Mäuse und kleine Vögel. Die Wände des Biwaks bestehen aus Ameisen, die sich mit den Beinen aneinander festhalten.

Eine Armee von Treiberameisen kann 500 000 Tiere umfassen.

Wie bauen Weberameisen ihr Nest?

Weberameisen leben im tropischen Afrika, Australien und Südostasien in Nestern, die aus Blättern bestehen. Die Ameisen arbeiten in Teams, weil sie einzeln nicht stark genug sind, um die Blätter festzuhalten. Sind zwei Blätter nah genug beieinander, packt eine Ameise eine Larve und hält sie über die Blattränder. Die Larve produziert eine Art Seide, die die Blätter zusammenklebt.

Die größten Weberameisen können zehnmal so groß sein wie die kleinsten.

▼ Warum schützen die Waldameisen Blattläuse?

Europäische Waldameisen beschützen Blattläuse – vor allem vor Marienkäfern –, indem sie sich rings um die saugenden Blattläuse stellen. Das geschieht, damit sie die Tropfen Honigtau aufnehmen können, die von den Blattläusen abgegeben werden. Waldameisen fressen auch andere Kleintiere, töten sie durch Bisse und transportieren sie zum Nest. Die Nester findet man in Wäldern, manchmal auch in Gärten.

Die Nester der Roten Waldameise können 1,5 Meter hoch sein.

Marienkäfer, Hirschkäfer und Riesenböcke

Käfer sind mit mehr als 350 000 Arten die größte Insektengruppe. Zusammen mit den Schmetterlingen, Fliegen und Hautflüglern werden sie zu den hochentwickelten Insekten gerechnet, weil sie eine vollkommene Verwandlung zwischen dem Jungenstadium (der Larve) und dem Erwachsenenstadium durchmachen. Die empfindlichen Hinterflügel der Käfer liegen gefaltet unter den festen Vorderflügeln, die den ganzen Hinterkörper bedecken und schützen. Die Mundwerkzeuge sind beißend-kauend. Mit ihrem harten, wasserfesten Panzer sind Käfer in allen Lebensräumen verbreitet.

Riesenböcke sind ziemlich wehrhaft, aber sie zischen, bevor sie beißen.

▼ Wie viele Punkte hat ein Marienkäfer?

Das hängt von der Art ab – manche besitzen 21 Punkte, andere gar keine. Es gibt über 3400 Arten weltweit, daher kommen alle Kombinationen von rot und schwarz, Punkten oder keinen Punkten vor, manche Arten sind sogar gelb. Die lebhafte Färbung warnt Vögel und andere Feinde davor, dass diese Käfer schlecht schmecken. Marienkäfer fressen vorzugsweise Blattläuse – die ja wichtige Pflanzenschädlinge sind –, so sind sie im Garten sehr nützlich. Sie kommen überall auf Wiesen, in Gärten, Parks, Sümpfen und Feldern vor. Sie überwintern in Gruppen in der Laubstreu.

Bei Belästigung geben Marienkäfer eine übel riechende Flüssigkeit aus ihren Kniegelenken ab.

▲ Wie großist der Riesenbock?

Der Riesenbock kann 18 cm lang werden, vom Hinterleibsende bis zur Spitze der Kiefer, mit Antennen sogar 21 cm. Die Kiefer sind so kräftig, dass er damit durch die Haut ins Fleisch beißen kann. Diese riesigen Käfer kommen nur im Amazonasgebiet in Südamerika vor. Viel mehr weiß man von ihnen nicht, und man kennt nicht einmal die Larve.

Trotz ihres furchterregenden Aussehens sind die Männchen des Hirschkäfers friedlich und wehren sich nur, wenn sie angegriffen werden.

► Warum rollen Dungkäfer Dungkugeln?

Auch wenn wir es seltsam finden – Dungkäfer lieben Dung. Sie verbringen viel Zeit damit, Dungkugeln zu ihrem Nest zu rollen, wo sie und ihre Larven sich davon ernähren. Damit sind sie sehr wichtige Abfallverwerter. Bei manchen Arten arbeiten Männchen und Weibchen an einer sehr großen Dungkugel zusammen, bei anderen Arten nicht. Wieder andere verfertigen mehrere Kugeln. Vor allem in Nordamerika, Mexiko und Afrika kann man sie bei der Arbeit beobachten.

Dungkäfer aus Afrika wurden nach Australien eingeführt, um die Fliegenplage durch Recycling des Rindermistes zu bekämpfen.

Wie lange leben Riesenböcke? Unglücklicherweise leben die erwachsenen Tiere nur wenige Wochen lang.

Warum besitzen Hirschkäfer so ein großes Geweih?

Männliche Hirschkäfer haben sehr große Kiefer, die Kiefer der Weibchen sind dagegen normal gestaltet und nur ein Sechstel so groß. Die Männchen des Europäischen Hirschkäfers können 7,5 cm lang werden. Das Geweih wird für den Rivalenkampf um ein Weibchen gebraucht, wobei zwei Männchen versuchen, sich gegenseitig von dem Baumstumpf zu stoßen, in den das Weibchen seine Eier legen will. Der Hirschkäfer kommt in ganz Europa vor. Weltweit sind über 1000 Arten bekannt.

Leuchtkäfer und Bombardierkäfer

Drei Viertel aller Tiere auf der Erde sind Insekten, und die größte Gruppe von ihnen sind die Käfer. Obgleich bereits 350 000 Arten bekannt sind, schätzt man, dass es noch Millionen unbekannter Arten geben könnte. Käfer sind die verschiedenartigste Tiergruppe, ohne die viele Blüten unbestäubt bleiben und zahlreiche Nahrungsketten zusammenbrechen würden.

Die Gas- und Flüssigkeitsmischung eines Bombardierkäfers ist heißer als kochendes Wasser!

Das Licht der Leuchtkäfer hat einen 30-mal so hohen Wirkungsgrad wie eine 100-Watt-Birne.

▲ Warum explodieren Bombardierkäfer nicht selber?

Bombardierkäfer verteidigen sich, indem sie eine kochendheiße Chemikalienmischung gegen den Angreifer spritzen. Die Stoffe reagieren mit der Luft und verursachen dabei ein Puffen und bilden ein Wölkchen. Die Richtung des Schusses kann durch ein Paar Reflektoren am Hinterleib genau gesteuert werden. Die Chemikalien werden an verschiedenen Stellen im Körper gespeichert, aber erst gemischt, wenn der Käfer sich angegriffen fühlt, und dann sehr rasch versprüht, damit er sich nicht selbst damit verätzt.

Wie erzeugen Leuchtkäfer Licht?

Das Licht der Leuchtkäfer entsteht in einer chemischen Reaktion in ihrem Hinterleib zwischen den Stoffen „Luciferase“ und „Luciferin“. Der Vorgang wird als „Biolumineszenz“ bezeichnet und dient der Anlockung der Geschlechtspartner. Jede Art hat ihre eigenen Lichtsignale. Oft können die Weibchen nicht fliegen, aber sie antworten auf die Lichtsignale der Männchen. Manche Arten vereinigen sich zu großen Gruppen und leuchten im gleichen Takt, andere imitieren die Signale anderer Arten, um sie anzulocken und zu fressen.

▶ Kann ein Herkuleskäfer fliegen?

Obwohl es nicht so aussieht, man glaubt es kaum, er kann! Der Herkuleskäfer gehört zur Familie der Blatthornkäfer, die häufig glänzende oder auffällig gefärbte Körper besitzen. Die meisten Arten besitzen lange Hörner oder Kiefer, doch der Herkuleskäfer hat die längsten – die Hörner sind länger als der Körper. Nur die Männchen tragen solche Hörner und gebrauchen sie beim Rivalenkampf. Die Weibchen haben dagegen den massigeren Körper.

Der Herkuleskäfer ist der stärkste in seiner Gewichtsklasse – er kann das 850-Fache seines eigenen Gewichtes tragen. Das ist so viel, als ob ein Mensch fünf vollbesetzte Doppeldeckerbusse stemmen könnte!

Wie lang wird der Herkuleskäfer?

Bis zu 19 cm lang.

▶ Gibt es Mimikry bei Käfern?

Einige Bockkäferarten sehen wie Bienen oder Wespen aus, um sich gegen Feinde zu schützen. Die Pinselkäfer besitzen einen Haarpelz und brummen beim Flug wie mittelgroße Hummeln. Wie die Bienen findet man sie im Juni und Juli in gebirgigen Gegenden häufig auf Blüten oder Disteln sitzend. Verwandte Arten kommen bereits im Mai und Juni heraus und ernähren sich ebenfalls vom Nektar der Blüten. Ihre Eier legen sie in totes Holz. Pinselkäfer leben in Europa, verwandte Arten auch in Nordamerika.

Die Larven der Pinselkäfer entwickeln sich in morschem Holz, doch die Erwachsenen fressen an Blüten.

Seesterne und Seeigel

Seesterne und Seeigel sind Stachelhäuter („Echinoderma"). Ihr Köper ist fünfstrahlig, und sie besitzen Saugfüßchen. Die meisten Seesterne leben in Korallenriffen oder anderen Flachwasserzonen und besitzen Füßchen, die bei einigen im Sand lebenden Arten auch zum Graben benutzt werden. Seeigel werden in „reguläre" und „irreguläre" eingeteilt. Die Regulären haben ein rundliches inneres Skelett und bewohnen Riffe, Geröll, Algenrasen und Felsen. Die Irregulären sind Sandbewohner.

Wie viele Arme besitzen Seesterne?

Die meisten, wie der gemeine europäische Seestern, haben fünf Arme, manche besitzen aber bis 50. Gemeine Seesterne sind verschiedenfarbig, aber meistens orange oder rotbraun. Ihre Oberseite ist etwas stachlig, und sie sind recht beweglich. Sie fressen Miesmuscheln und Pilgermuscheln, indem sie auf die Muschel klettern, sie mit Gewalt öffnen, ihren Magen in die Öffnung einstülpen und sie in der Schale verdauen.

▼ Sind Seesterne gefährlich für den Menschen?

Einige Arten sind giftig genug, um Menschen zu verletzen. Der Dornenkronenseestern im Indopazifik ist der schlimmste und sieht auch schon so aus: Sein Körper und die bis zu 23 Arme sind mit spitzen, giftigen Stacheln bewehrt, die schlimme Wunden, Fieber und sogar Atemstillstand hervorrufen können. Der Seestern braucht seine giftigen Stacheln zur Verteidigung gegen Fressfeinde wie den Drückerfisch. Er ernährt sich von Korallen und ist einer der schlimmsten Zerstörer von Korallenriffen.

Wenn auch der Dornenkronenseestern bereits ausgedehnte Riffbereiche zerstört hat, hat man im Lauf seiner Bekämpfung viel über diese Lebensräume gelernt.

▶ Was ist ein Sanddollar?

Der Sanddollar ist ein ganz flacher Seeigel, dessen Innenskelett vielfach an Sandstränden angespült wird. Er lebt im Sand oder Schlick und kann sich sehr schnell eingraben. Fast alle Sanddollars bewohnen in großen Kolonien flache Sandstrände. Sie bewegen sich mit Hilfe kurzer Stacheln an der Unterseite fort. An den Stacheln verfangen sich auch kleine Algen, die von den Füßchen gepackt und zum Mund geführt werden.

Sanddollars sind sehr verschieden gefärbt: von graurosa über rot bis schwarz.

Wie viele Arten von Stachelhäutern gibt es?
Ungefähr 7000 sind bekannt.

Über die Lebensweise der meisten Seeigel wissen wir nicht viel – da bleibt noch viel zu forschen.

▲ Weshalb sind Seeigel so stachlig?

Der Rote Seeigel ist wie die meisten anderen auch von einer Vielzahl von Stacheln bedeckt, als Schutz gegen Feinde. Bei ihm sind die langen, spitzen Stacheln rosa bis purpurrot. Er hält sich mit 10 in Reihen an seiner Unterseite angeordneten Saugfüßchen fest. An der Unterseite sitzt auch der Mund, der mit seinen fünf Kiefern Algen abweidet.

Wie die meisten Seesterne kann auch der Gemeine Seestern einen verlorenen Arm erneuern.

Spinnen

Spinnen sind die wichtigste durchweg räuberische Gruppe von Landtieren. Fast 40 000 Arten sind bekannt, und sie haben fast alle Lebensbereiche auf der Erde besiedelt. Alle Spinnen besitzen ein Paar röhrenförmiger, klauenartiger Kiefer für den Giftbiss. Je nach der Anordnung dieser Kiefer unterteilt man die Spinnen in „Vogelspinnenartige“, bei denen die Kiefer nach unten gerichtet sind, und „echte Spinnen“, deren Kiefer seitlich gerichtet sind und gegeneinander arbeiten.

Falltürspinnen ziehen ihre Beute in die Röhre, um sie in Ruhe zu verspeisen.

▲ Weben alle Spinnen Netze?

Nein, nicht alle weben Netze, aber alle produzieren Spinnseide. Viele jagen am Boden, wie die Springspinnen, und manche konstruieren sogar Falltüren. Falltürspinnen graben Röhren im Boden und bedecken sie mit einem Deckel aus Spinnseide. Manche legen auch Signal- oder Stolperfäden um ihre Röhre herum aus. Innen wartet die Spinne, bis sie an den Erschütterungen merkt, dass ein Beutetier vorbeikommt, und stürzt aus der Röhre.

Die Weibchen der Schwarzen Witwe produzieren jedes Jahr 4 bis 9 Eiersäcke mit je 100-400 Eiern darin.

◀ Sind Schwarze Witwen gefährlich?

Insgesamt gibt es über 30 Arten von Schwarzen Witwen, selbst eine Art in Australien. Die amerikanische und die australische Schwarze Witwe sind schwarz und haben zur Abschreckung einen roten Fleck auf Bauch und Oberseite. Selbst wenn ein Vogel eine Schwarze Witwe frisst, wird er nicht daran sterben, aber er wird in Zukunft gewarnt sein. Auch für den Menschen sind diese Spinnen gefährlich. Obwohl die meisten einen Biss überstehen, sterben doch etwa 5 Prozent der Gebissenen.

▶ Welche Spinnenfamilie ist die größte?

Die größte Familie sind die Springspinnen mit mehr als 4000 Arten. Sie sind meistens klein und haben riesige, nach vorn gerichtete Augen. Damit können sie ihre Beute aus mehreren Zentimetern Entfernung erkennen; dann schleichen sie sich an und springen auf sie los. Bei manchen Arten ist der Biss schmerzhaft und die Symptome können zwei Wochen lang anhalten, aber keine ist tödlich.

Manche Springspinnen können das 30-fache ihrer Körperlänge springen – das wäre für den Menschen 46 m weit!

Welche Spinnen sind die größten?

Die echten Vogelspinnen. Die meisten leben in mit Seide ausgesponnenen Verstecken am Boden, an Felsen oder in Bäumen. Bei den größten überspannen die Beine 25 cm. Einige Vogelspinnen jagen sogar kleine Wirbeltiere, Mäuse, Vögel (die sie im Nest angreifen), Frösche, Eidechsen und Schlangen, selbst Giftschlangen. Die Füße sind mit dicht behaarten Haftpolstern versehen, mit deren Hilfe sie gut klettern können.

Haben alle Spinnen 8 Augen? Die meisten, aber einige haben nur 6.

Wie die meisten Spinnen können Vogelspinnen kaum mehr als hell-dunkel und Bewegungen sehen.

Skorpione

Skorpione sind weltweit verbreitet, aber am häufigsten in warmen und trockenen Gebieten. Sie gehören zu den Spinnentieren und besitzen 8 Augen. Die Giftdrüsen liegen an der Basis des Stachels am Schwanzende, der vor allem der Jagd dient. Skorpionsgift ist am wirkungsvollsten bei Wirbellosen, daher sind die meisten Skorpione für den Menschen nicht gefährlich. Sie fressen eine Vielzahl von Insekten, und nur die größten Arten jagen gelegentlich kleine Wirbeltiere, wie Eidechsen, Jungschlangen und Mäuse.

Wie versorgen Skorpione ihre Jungen?

Bei den Skorpionen werden die Jungen nacheinander geboren und bleiben auf dem Rücken der Mutter, bis sie alt genug sind, um für sich selber sorgen zu können. Dieser Zeitpunkt ist nach der ersten Häutung erreicht. Je nach Art muss die Mutter für bis zu 100 Jungtiere sorgen. Der Kaiserskorpion trägt seine Jungen besonders lange mit sich herum.

Der Kaiserskorpion kann 18 cm lang werden und ist einer der größten.

Wie viele Arten von Skorpionen gibt es? Etwa 1200.

▶ Sind Skorpione Einzelgänger?

Die meisten, mit einer Ausnahme: der Arizona-Baumskorpion. Obwohl meistens einzeln lebend, sammeln sich im Winter bis 30 Tiere, um sich warm zu halten. Der Baumskorpion wird meistens in felsigen Gegenden unter Steinen, Holz und Baumrinde angetroffen. Er klettert gut, und man sieht ihn manchmal an Hauswänden im Südwesten der USA, wo er der häufigste in Häusern anzutreffende Skorpion ist.

Der Stich des Baumskorpions ist schmerzhaft und führt zu Atemnot, ist aber nur sehr selten tödlich.

▼ Gibt es in Europa Skorpione?

Der europäische Gelbschwanzskorpion kommt in wärmeren Ländern wie Portugal und Italien vor. Er ist ziemlich klein – höchstens 5 cm lang – und frisst Insekten und andere Wirbellose. Er vergrößert sein Verbreitungsgebiet infolge der Erderwärmung und wurde neuerdings schon in England entdeckt.

Das Gift des Gelbschwanz-skorpions ist nur so stark wie das einer Biene.

Welches ist der giftigste Skorpion?

Wahrscheinlich der Gelbe Wüstenskorpion. Sein Gift enthält ein Gemisch aus verschiedenen starken Nervengiften. Er bewohnt Wüsten und Steppen von Nordafrika bis zum Nahen Osten. Verglichen mit anderen Skorpionen ist er recht zart gebaut, hat einen langen, dünnen Schwanz und schlanke Scheren, wahrscheinlich weil sein Stich als Abwehr ausreicht. Ein anderer Titelanwärter ist der Dickschwanzskorpion aus Nordafrika, dessen Gift etwa so stark ist wie das einer Kobra.

Asselspinnen und Pfeil- schwanzkrebse

Asselspinnen sind keine echten Spinnen, sondern eine Gruppe Wirbelloser, „Pycnogonida“ genannt, die 8-12 Beine, einen sehr schlanken Körper und einen kleinen Kopf besitzen. Sie sind nur sehr entfernt mit den Spinnen verwandt. Ebenso sind die zehnfüßigen und langschwänzigen Pfeilschwanzkrebse keine Krebse, sondern gehören einer „Merostomata“ genannten, sehr altertümlichen Gruppe von Gliedertieren an. Beide Tiergruppen besitzen Fühler, aus zwei Teilen bestehende Körper, und sie müssen sich häuten. Beide sind „Lebende Fossilien“, weil sie die einzigen Überlebenden sonst ausgestorbener Gruppen sind.

▼ Wie sieht eine Asselspinne aus?

Sie sehen nur wie Spinnen aus, sind aber keine. Ihre Größe variiert von Tieren mit einer Spannweite von wenigen Zentimetern zu solchen mit 75 cm Spannweite. Diese Riesen leben aber meist in großen Tiefen. Der Körper ist meist sehr schmal, nicht dicker als eines seiner Beine. Der Kopf trägt einen großen Rüssel, mit dem sie ihre Nahrung, Korallen, Seeanemonen und andere weichhäutige Tiere, anbohren und aussaugen.

Die Asselspinnen sind wohl Überlebende einer Tiergruppe, die schon vor 400 Millionen Jahren ausstarb.

▼ Wie können Asselspinnen im Wasser leben?

Wegen der langen Beine und des dünnen Körpers ist die Körperoberfläche der Seespinnen besonders groß. Daher brauchen sie keine Kiemen, sondern sie atmen direkt durch die Körperwand. Auf die gleiche Weise scheiden sie ihre Abfallprodukte aus. Das Hirn ist sehr klein, und das röhrenförmige Herz pulsiert 90 bis 180-mal in der Minute. Viel mehr ist über sie nicht bekannt.

Wir kennen etwa 1000 Arten von Asselspinnen; wahrscheinlich sind es aber viel mehr.

Wie lange leben Pfeilschwanzkrebse? Etwa 20 Jahre.

Wie sieht ein Pfeilschwanzkrebs aus?

Am auffälligsten ist der Panzer und der lange, stachlige Schwanz, der als Steuer dient. Pfeilschwanzkrebse werden 60 cm lang, haben 5 Paar Laufbeine und ein Paar Scheren im Mundbereich, mit denen sie ihre Nahrung aufnehmen. Sie besitzen 10 Augen und können ultraviolettes Licht wahrnehmen. Zum Wachsen müssen sie sich häuten – Männchen 16 mal in 9 Jahren, Weibchen 17 mal in 11 Jahren. Die Männchen sind kleiner als die Weibchen.

▼ Welche sind die nächsten Verwandten der Pfeilschwanzkrebse?

Es sind die Trilobiten – Tiere, die es bereits vor 540 Millionen Jahren gab. Heute gibt es nur noch vier Arten von Pfeilschwanzkrebsen; sie kommen im Westpazifik, im Westatlantik und im Indischen Ozean bei Indonesien vor. Zur Eiablage kommen sie an den Strand und bilden dann eine beliebte Beute für Seevögel.

Fällt ein Pfeilschwanzkrebs auf den Rücken, kann er sich mit Hilfe des Schwanzes wieder aufrichten.

Pfeilschwanzkrebse graben im Sand, um Weichtiere, Würmer und andere Wirbellose aufzuspüren.

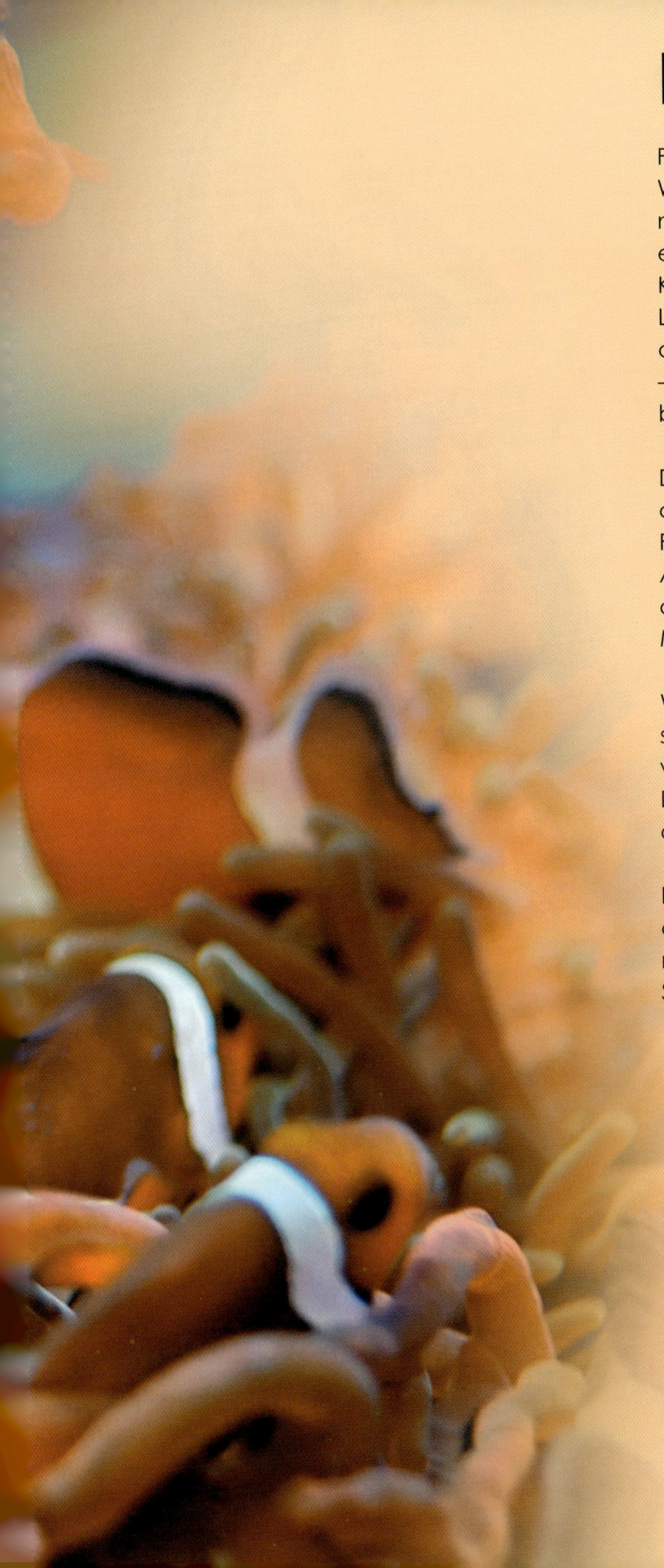

Fische

Fische sind kaltblütige, wasserlebende Wirbeltiere (Tiere mit einem Rückgrat). Die meisten besitzen ein knöchernes Skelett, einige eines aus Knorpel, alle atmen durch Kiemen, aber einige zusätzlich noch durch Lungen, viele leben im Süßwasser, andere ausschließlich im Meer. Alle Fische legen Eier – aber einige sind ovovivipar, das heißt, sie bringen lebende Junge zur Welt.

Der typische Fisch hat einen seitlich abgeflachten Körper mit einem Schwanz, Flossen, Kiemen und einer beschuppten Haut. Aber es gibt auch oberseits abgeplattete wie die Flunder, und derartige Fische leben am Meeresgrund.

Wieder andere, wie der Thunfisch, sind stromlinienförmig und schnelle Schwimmer, während andere schlangen- oder aalartige Leiber besitzen, die es ihnen erlauben, sich auf der Nahrungssuche in Spalten zu zwängen.

Die Schuppen sind Teile der Haut, ebenso wie der Schleimüberzug, der den Fisch schlüpfrig macht und den Wasserwiderstand beim Schwimmen herabsetzt.

Kieferlose Fische

Neunaugen und Schleimfische haben einen langen, aalartigen Leib, ein rundliches Maul und kleine oder gar keine Augen. Da sie keine Kiefer besitzen, können sie nicht kauen und müssen ihre Nahrung aufsaugen. Beide besitzen rundliche Kiemenöffnungen anstatt der länglichen anderer Fische, die fast wie Bullaugen eines Schiffes aussehen. Sie besitzen auch keine Schuppen wie die anderen Fische, sondern die Haut ist nackt oder schleimig.

▼ Wie verteidigt sich ein Schleimfisch?

Schleimfische sind die urtümlichsten Fische überhaupt und keine erfreulichen Erscheinungen. Angegriffen scheiden sie eine Menge Schleim aus Drüsen ab. Das schreckt den Räuber ab und hilft dem Schleimfisch, zu entkommen. Dann bilden sie einen Knoten, der durch Muskelbewegungen den ganzen Körper hinunterläuft und den Schleim abstreift. Schleimfische sind Aasfresser, die tote oder verletzte Fische aussaugen, aber auch Fische in Fischernetzen angreifen.

▶ Wo findet man Schleimfische?

Sie leben vor allem in Flussmündungen und verbringen die meiste Zeit auf Beute lauernd im Schlamm vergraben, wobei nur die Fühler und das Maul herausragen. Einige leben auch in großer Tiefe am Meeresboden und eine Art, Eptatretus stickrotti, wurde an einer heißen Unterwasserquelle entdeckt, und zwar erst 2005. Das zeigt, wie wenig wir noch über das Leben im Meer wissen. Schleimfische finden ihre Nahrung durch den Geruch.

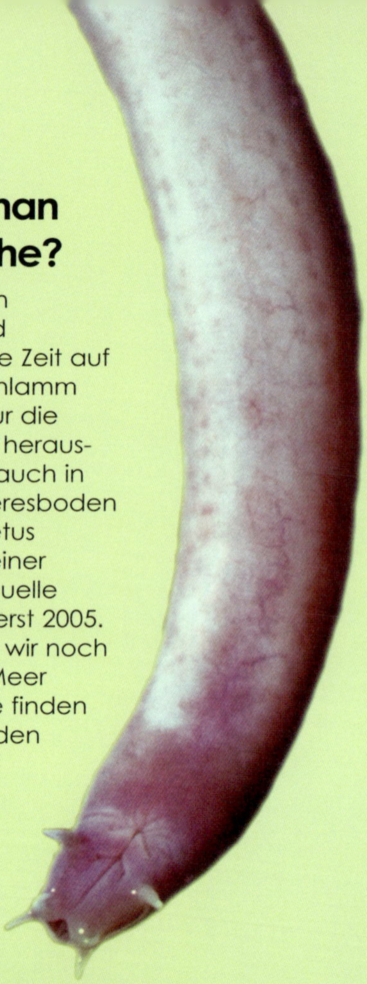

Man glaubt, dass die fast gleich aussehenden Vorfahren der Schleimfische schon vor 550 Millionen Jahren gelebt haben.

Schleimfische benutzen ihren Schleim auch dazu, Beute gegen andere Tiere zu verteidigen und ihre Eier zu schützen.

▶ Was fressen Neunaugen?

Die meisten erwachsenen Neunaugen saugen sich an anderen Fischen fest und raspeln mit ihrer sandpapierartigen, zähnchenbesetzten Zunge ein Loch in die Haut. Dann saugen sie aus ihrem Opfer Blut und andere Körpersäfte. Ihr Speichel enthält Stoffe, die die Blutgerinnung und das Schließen der Wunde verhindern.

Neunaugen besitzen keine Kiefer, aber das Maul ist mit vielen spitzen Zähnen besetzt, mit denen sie das Fleisch ihrer Opfer raspeln.

Wie groß wird ein Neunauge?

Meeresneunaugen können 30-90 cm lang werden.

Wo leben Neunaugen?

Überall auf der Welt, sowohl im Süßwasser wie im Meer, und meistens wandern sie zur Eiablage vom Meer ins Süßwasser. Manche sind sehr überlebensfähig: Das Arktische Neunauge hält es in den kalten Gewässern rund um Alaska aus. Einige Arten bewohnen Gewässer, die keine Verbindung mehr zum Meer haben. Nicht alle Neunaugen sind Parasiten, denn einige, wie das europäische Bachneunauge, ernähren sich von Algen und anderem organischem Material.

Gekochte Neunaugen sind eine Delikatesse. König Heinrich II. von England starb 1135 in der Normandie, nachdem er sich an Neunaugen überfressen hatte!

Rochen

Rochen sind Knorpelfische – das heißt, ihr Skelett besteht wie bei den Haien nicht aus Knochen, sondern aus einem festen, gummi-artigen Material, dem Knorpel. Die meisten der etwa 300 Rochenarten leben am Meeresboden, einige schwimmen aber auch an der Oberfläche. An der Seite haben sie große Flügel, mit denen sie wie die Vögel auf und nieder schlagen. Die Kiemenöffnung liegt an der Oberseite hinter den Augen, die Kiemen sitzen an der Unterseite.

Die meisten Mantarochen haben eine Spannweite von 4 Metern, es wurden aber schon welche mit 8 Metern Spannweite beobachtet.

▼ Sind Stechrochen eine Gefahr?

Ja, ihr langer, stachelbewehrter Schwanz kann gefährlich werden. Normalerweise sind sie nicht aggressiv, solange sie nicht belästigt werden. Wenn man ihnen aber zu nahe kommt oder auf sie tritt, schlagen sie mit dem Schwanz zu und stechen mit den Stacheln, die das Gift von Drüsen an ihrer Basis erhalten. Der Große Stechrochen kann von der Schnauze bis zur Schwanzspitze 4,3 Meter lang werden, und seine Stacheln können schlimme Wunden schlagen.

▲ Warum springen Mantas aus dem Wasser?

Man glaubt, dass Mantarochen aus dem Wasser springen, um sich von Parasiten zu befreien oder um kleine Fische dadurch zu betäuben, dass sie sich auf sie fallen lassen. Vielleicht dient es auch der Flucht vor Feinden oder ist ein Teil der Balz. Oder macht es ihnen einfach nur Spaß? Auf jeden Fall ist es spektakulär, vor allem, wenn sie einen Überschlag machen. Mantas sind ungefährlich, können aber harpuniert durch ihre kräftigen Flossenschläge gefährlich werden. Meistens schwimmen Mantas allein, gelegentlich sieht man sie aber auch zu zweien oder in Gruppen von bis zu sechs Tieren.

Stachelrochen fressen meistens Würmer, Krebse und Weichtiere, manche aber sogar größere Fische.

▶ Wozu dient der elektrische Schlag des Zitterrochens?

Zitterrochen sind träge Tiere, so dient der elektrische Impuls dazu, schnellere Fische zu betäuben. Er dient auch der Verteidigung gegen Feinde – er ist stark genug, um jeden Angreifer zu verscheuchen und kann einen Menschen betäuben. Allerdings fressen Zitterrochen vor allem Würmer, Krebse und andere langsame Kleintiere, daher glaubt man, dass das elektrische Organ auch für die Orientierung und die Verständigung mit anderen Rochen dient.

Zitterrochen können eine Spannung von 170-220 Volt erzeugen – soviel wie der Strom, der aus der Steckdose kommt.

Wie sehen die Eier der Rochen aus?

Wie alle Rochen und Haie legt der neuseeländische Nagelrochen eine große Eikapsel ab, die an allen vier Ecken knäuelartige Fäden trägt, mit der sich die Kapsel an Felsen oder Algen am Meeresboden anheftet. Die Jungtiere brauchen mehrere Monate bis zum Schlüpfen und sind in dieser Zeit stark durch Fressfeinde gefährdet. Nach Stürmen werden diese Eikapseln häufig an die Strände gespült.

Wie viel wiegt ein Mantarochen? Der schwerste jemals gefangene wog 1400 kg.

Der neuseeländische Nagelrochen wird etwa 1 Meter lang.

Haie

Wie die anderen Knorpelfische haben Haie eine raue Haut und können ihre Flossen nicht falten. Haie besitzen kräftige Kiefer und viele Arten auch sehr scharfe Zähne, einige haben aber stumpfe Zähne zum Zermalmen. Haie besitzen einen ausgeprägten Geruchssinn und können Nahrung aus sehr großer Entfernung wittern. Wir kennen etwa 350 Haiarten, darunter einige der größten Fische überhaupt.

Welcher ist der schnellste Hai?

Wahrscheinlich der Kurzflossenmako. Er ist vorzüglich für schnelles Schwimmen ausgerüstet, denn er hat einen extrem stromlinienförmigen Körper und ist sehr wendig. Man hat geschätzt, dass er bis 110 km/h schnell schwimmen könne, aber das ist vielleicht ein bisschen hoch geschätzt und 80 km/h ist wohl realistischer. Er jagt andere Fische, zum Beispiel Thunfische, die ihrerseits zu den schnellsten Fischen gehören.

Wie finden Weiße Haie ihre Beute?

In der Nähe mit Hilfe des elektrischen Feldes, das den Körper des anderen Tieres umgibt. Weiter entfernt leitet ihn seine vorzügliche Nase, mit der er den Geruch eines Fisches aus großer Entfernung riechen kann. Der Weiße Hai sieht auch gut, besitzt eine hochentwickelte Iris und kann daher auch im Dunkeln noch gut sehen; außerdem besitzt er ein gutes Gehör.

Die größte jemals gemessene Länge eines Weißen Haies beträgt 6 Meter – 7 Meter Länge hält man aber für möglich.

▶ Welcher ist der größte Fisch der Welt?

Das ist der Walhai aus den tropischen und subtropischen Meeren, der sich oft in Küstennähe aufhält. Er schwimmt dicht an der Wasseroberfläche und hält dabei sein riesiges Maul weit offen, um Plankton aufzunehmen, das er mit Hilfe seiner besonders angepassten Kiemen ausfiltert. Aber auch Fische von Sardinen- bis Makrelengröße werden zuweilen gefressen.

Walhaie können mehr als 14 Meter lang werden und bis 12 Tonnen wiegen.

Wie viele Menschen werden von Haien getötet? Haiangriffe sind selten, und nur 6 bis 10 Menschen werden jedes Jahr bei Haiangriffen getötet.

▶ Warum besitzen Hammerhaie einen derartig seltsamen Kopf?

Darüber wird noch diskutiert. Manche glauben, es diene der Stabilisierung, wie die Spoiler an Rennwagen. Es scheint, als seien die Enden des Hammers beweglich und könnten dem Hai zusätzlichen Auftrieb im Wasser geben. Andere Biologen denken, dass dieses Organ den Geruchssinn verstärken könnte – denn bei den meisten Hammerhaien befinden sich die Nasenöffnungen an der Außenseite des Hammers und besitzen spezielle Kanäle, die das Wasser dorthin leiten.

Hammerhaie werden 4 Meter lang und leben in warmen Gewässern.

Quastenflosser, Lungenfische und Arapaima

Quastenflosser und Lungenfische gehören zur Ordnung „Sarcopterygii“. Es sind Knochenfische mit paarigen, rundlichen, fleischigen Flossen von der Form, aus denen die Beine der ersten landlebenden Wirbeltiere entstanden sind. Lungenfische und der Arapaima können mit einer einfachen Lunge auch Luft atmen, wenn ihr Lebensraum austrocknet. Lungenfische und Arapaima sind nicht näher verwandt, leben aber beide im Süßwasser.

Was ist ein Quastenflosser?

Der Quastenflosser ist sicher das altertümlichste noch existierende Wirbeltier. Man dachte, diese Tiergruppe sei längst ausgestorben, bis ein Tier in den 1930er-Jahren in einem Fischernetz entdeckt wurde. Quastenflosser haben große Schuppen und können bis 72 kg wiegen. Am auffälligsten sind ihre Flossen, die auf fleischigen Stielen sitzen und mit Hilfe zahlreicher Muskeln sehr beweglich sind.

Wie alt sind Quastenflosser? Die ersten Fossilien sind mehr als 400 Millionen Jahre alt.

◀ Wofür sind manche afrikanischen Lungenfische berühmt?

Vier afrikanische Lungenfische sind berühmt wegen ihrer Schlammkokons, die sie bilden, wenn der See oder Fluss austrocknet, in dem sie leben. Dann graben sie Gruben in den Schlamm, den sie mit Schleim auskleiden. Bei sinkendem Wasserstand trocknet der Schleim und wird zu einer ledrigen Masse, die den Fisch schützt, bis wieder genügend Wasser da ist. Während dieser Zeit atmet der Lungenfisch mit seiner Lunge durch röhrenförmige Kanäle und senkt außerdem seinen Stoffwechsel.

Afrikanische Lungenfische besitzen längere, fadenartige Flossen als ihr Vetter, der Australische Lungenfisch.

▲ Worin unterscheidet sich der Australische Lungenfisch von anderen Lungenfischen?

Der Australische Lungenfisch ist der urtümlichste Lungenfisch. Er hat nur eine Lunge, während die afrikanischen und südamerikanischen Lungenfische zwei besitzen. Auch trocknen die Flüsse, in denen der Australische Lungenfisch lebt, nicht jedes Jahr vollständig aus, daher braucht er keinen derartigen „Schlammkokon“, um sich vor Austrocknung zu schützen. Er benutzt seine Lunge, wenn das Wasser zu sauerstoffarm oder verschmutzt ist.

Was ist ein Arapaima?

Der Arapaima ist ein Fisch, der sowohl im Wasser wie an Land atmen kann. Er ist außerdem der größte, ständig im Süßwasser lebende Fisch. Arapaimas bewohnen warme Gewässer und Sümpfe in Südamerika, wo sie sich von Fischen, Schlangen, Fröschen, Insekten und oft auch von Schildkröten ernähren. Seine Wohngewässer werden oftmals so warm und stehend, dass der Sauerstoffgehalt zu niedrig ist. Dann kommt der Fisch an die Wasseroberfläche und schnappt nach Luft.

Das Weibchen des Arapaima legt seine Eier in ein Nest am Boden seines Wohngewässers, das es durch Fächeln von Schmutz rein hält.

Schwarmfische

Viele Fischarten bilden große Schwärme, die durch die Ozeane streifen. Diese riesigen Schwärme, die sich fast wie ein einziger Organismus verhalten, gehören zu den erstaunlichsten Naturschauspielen. Die Ursachen für dieses Verhalten sind vielfältig und komplex. Wahrscheinlich steigert das Schwarmverhalten die Chancen des Einzeltieres in verschiedener Hinsicht, sei es bei der Fortpflanzung, dem Sparen von Energie, dem Nahrungserwerb und dem Schutz.

▼ Warum bilden Heringe einen Schwarm?

Heringe wandern in riesigen Schwärmen aus langsam schwimmenden Tieren zu ihren Laichgründen in der Ostsee. Auf dem Weg dahin ernähren sie sich von winzigen Krebsen, die als gute Schwimmer einen herankommenden Fisch erkennen und schnelle Ausweichmanöver machen. Aber gegenüber Tausenden von Fischen ist es den Krebsen unmöglich, allen auszuweichen. Auf diese Weise vergrößert die Schwarmbildung die Chancen der Heringe, Futter zu erwischen, was als einzelnes Tier viel schwieriger wäre.

▼ Wie bilden Fische einen Schwarm?

Viele Fische scheinen sich gern anderen Schwärmen oder Fischen gleicher Größe, Farbe oder Alters anzuschließen. Das vergrößert wohl ihre Überlebenschancen, weil der Schwarm Feinde verwirrt: offenbar fangen Räuber vor allem Fische außerhalb des Schwarms. Experimente mit verschiedenen Farben ergaben interessanterweise, dass das Schwarmverhalten wohl eher gelernt als angeboren ist.

Ein Heringsschwarm kann Millionen Tiere enthalten, die alle etwa gleich groß sind.

Thunfische bewohnen warme und warm gemäßigte Meere auf der ganzen Welt.

Was sind Makrelen?

Makrelen sind eine andere, mit den Thunfischen verwandte Fischgruppe, die große Schwärme bilden. Sie machen keine regelmäßigen Züge, sondern sind einmal in einem Gebiet zu sehen, dann wieder für Jahre nicht. Auch sie stellen eine enorm wichtige Nahrungsquelle für viele große Raubfische dar, daher vergrößert auch für sie ein Schwarm die Chance, ihren Feinden zu entgehen. Das Leben im Schwarm erhöht natürlich auch die Chance, einen Geschlechtspartner zu finden.

Wie schnell ist ein Thunfisch?

Thunfische durchkreuzen die Meere meist mit etwa 50 km/h. Sie besitzen unter allen Fischen den stromlinienförmigsten Körperbau und gehören daher auch zu den schnellsten Schwimmern, die große Strecken zurücklegen können. Sie müssen auch ständig in Bewegung sein, einfach nur um die Kiemen mit genügend Sauerstoff zu versorgen. Vielleicht bilden sie also Schwärme, um Energie zu sparen, indem jeder Fisch sich im „Windschatten" des vorausschwimmenden hält.

Wie hoch ist die Spitzengeschwindigkeit des Thunfisches? 64 km/h.

Wanderfische

Viele Fischarten wandern in unterschiedlicher Weise und aus verschiedenen Gründen. Manche Fische wandern zwischen Salz- und Süßwasser, und sie lassen sich in „anadrome“ Fische einteilen, wie der Lachs, die zum Laichen aus dem Meer ins Süßwasser aufsteigen, und in „katadrome“, wie der Aal, der im Süßwasser lebt, aber zum Laichen ins Meer wandert. Andere Arten wandern nur im Meer.

▼ Was ist die tägliche Vertikalwanderung?

Laternenfische unternehmen jeden Tag eine „Vertikalwanderung“. Nachts steigen sie zur Oberfläche auf, tagsüber ziehen sie sich wieder in die dunkle Tiefe zurück. Dadurch schützen sie sich zugleich vor Feinden und folgen den Wanderungen des Zooplanktons. Der Laternenfisch heißt so wegen der Leuchtorgane an seinem Körper. Die Arten besitzen verschiedene Leuchtmuster, so können sie sich in der Tiefe erkennen.

Ein weiblicher Aal, der in einem See ohne Verbindung zum Meer lebt, kann 50 Jahre alt werden, ohne zu laichen.

Die Lichter des Laternenfisches können hellgrün, blau, manchmal sogar gelb oder rot sein.

Wo laichen Flussaale?

Die europäischen und amerikanischen Flussaale laichen im gleichen Teil des Atlantischen Ozeans, der Sargassosee. Der weibliche Aal kann 10-20 Millionen Eier legen. Nach der Befruchtung sterben die erwachsenen Aale, und die Jungaale schlüpfen aus und machen sich auf die etwa 4800 km lange Reise in die Flüsse Europas.

▶ Sterben die Nordseelachse nach dem Laichen?

Im Unterschied zu anderen Lachsen kann der Nordseelachs mehrmals laichen. Er kommt in Flüssen zur Welt, wo er sich von Kleintieren ernährt, wandert dann ins Meer, wo er heranwächst. Das dauert zwei bis vier Jahre. Geschlechtsreif wandert er die lange Strecke zurück in den Fluss, in dem er zur Welt gekommen ist, und benutzt dazu seinen extrem guten Geruchssinn. Die Wanderung geschieht im Herbst.

Der Nordseelachs kann 3,7 Meter hoch und über 5 Meter weit springen.

Wie viele Arten Laternenfische gibt es? Mehr als 150.

▼ Wie wandert die Meerforelle?

Wie der Lachs entwickelt sich die Meerforelle im Süßwasser. Die Jungen haben Dottersäcke, von denen sie sich einen Monat lang ernähren. Nach drei Jahren verändern sich die Kiemen als Anpassung an das Meerwasser. Die erste Wanderung geschieht meist im Sommer. Die Meerforelle bleibt bis drei Jahre lang im Meer, bevor sie das erste Mal wieder in ihren Fluss zurückkehrt.

Meerforellen können 20 Jahre alt werden (die meisten werden aber nicht so alt), und sie kehren mehrfach zum Laichen in die Flüsse zurück.

Tiefseefische

Die Tiefsee umfasst 80 % des gesamten von Leben erfüllten Raumes. Je tiefer das Meer, umso dunkler wird es. Von etwa 150 Meter an ist kaum mehr Licht vorhanden. Es wird außerdem kälter, und dadurch wird das Überleben schwieriger. Tiere, die in großen Tiefen leben, halten den Druckunterschied nicht aus, wenn sie an die Oberfläche gebracht werden.

▼ Welcher ist der häufigste Tiefseefisch?

Die bei Weitem häufigsten Tiefseefische sind die Rattenschwänze, so genannt wegen ihres langen, fadenartigen Schwanzes. Man hat festgestellt, dass diese Fische einen besonders großen Anteil an Harnstoff im Körper haben, was ihnen hilft, bei der hohen Salzkonzentration des Wassers ihren Wasserhaushalt zu stabilisieren. Ohne den Harnstoff würde Wasser aus dem salzärmeren Fischkörper ins salzreichere Meerwasser übergehen, und der Fisch würde im Wasser dehydriert.

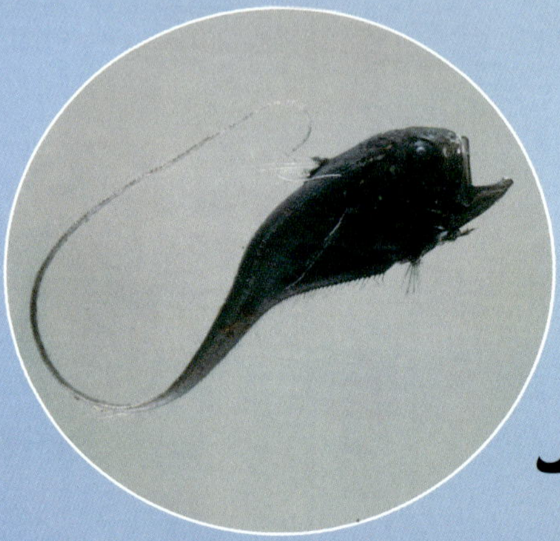

Der Große Rattenschwanz kann über 1 Meter lang werden.

Was ist ein Fangzahn?

Das ist ein weiterer bizarrer Tiefseefisch. Trotz seines furchterregenden Aussehens wird er nur 7,5 cm lang. Der Körper ist kurz und hoch und mit stachligen Schuppen bedeckt, und der Kopf ist groß. Er besitzt sehr lange Vorderzähne, wobei die unteren bei geschlossenem Maul in Taschen im Munddach eingreifen. In der Tiefe ist Nahrung selten, deshalb schnappt der Fangzahn nach allem, was er überwältigen kann.

Der erwachsene Fangzahn ist braun bis schwarz, Jungtiere sind hellgrau und haben lange Stacheln am Kopf.

Tagsüber hält sich der Viperfisch in über 2500 Meter Tiefe auf, nachts steigt er bis 400 Meter empor.

▲ Ist der Viperfisch so gefährlich, wie er aussieht und wie sein Name sagt?

Viperfische sind an ihrem langen Leib und den scharfen Fangzähnen zu erkennen – die sind so lang, dass sie seitlich aus dem Maul bis zu den Augen herausragen. Man glaubt, dass Viperfische ihre Opfer mit großer Geschwindigkeit angreifen und sie mit den Zähnen durchbohren, weil ihr erster Wirbel hinter dem Kopf wie ein Puffer gebaut ist. Manchmal hängen sie schräg im Wasser mit herausstehenden Fangzähnen. Viperfische tragen an den Seiten Leuchtorgane, vermutlich um Beute anzulocken.

Wie entsteht das Licht des Anglerfisches? Es besteht aus Millionen leuchtender Bakterien.

▶ Wie jagt ein Anglerfisch?

Der aus dem ersten Strahl der Rückenflosse bestehende Sporn oberhalb des Maules dient dem Tiefseeangler zum Fischen. Kommt ein Fisch ihm nahe, beginnt ein Leuchtorgan am Ende des Spornes zu flackern, um das Beutetier anzulocken. Dann wird der Sporn dem zahnbewehrten Maul genähert, der Angler senkt plötzlich den Unterkiefer und dehnt seine Kiemen und saugt sein Opfer ein. Ansonsten ist der Tiefseeangler braun oder schwarz gefärbt.

Männliche Tiefseeangler schwimmen zunächst frei herum und besitzen große Augen, haben aber keine Angel und keinen Darm.

Bodenlebende Fische

Bodenfische verbringen ihr ganzes Leben am Grund der Ozeane, sowohl im tiefen wie im flachen Wasser. Viele graben sich ein oder sind getarnt, und die Köpfe dieser Fische sind sehr vielgestaltig, je nach der Lebensweise. Manche Bodenfische ernähren sich von Kleinlebewesen oder Pflanzen, viele fressen aber auch andere Grundfische.

▼ Warum liegen Steinfische so leblos herum?

Still am Grund zu liegen ist die beste Methode, Energie zu sparen, und das tun viele Grundfische wie der Steinfisch. Die meisten Bodenfische sind gut getarnt, weil sie sonst eine zu leichte Beute wären. Der Steinfisch geht noch einen Schritt weiter, denn er besitzt ein äußerst starkes Gift in den Giftdrüsen an der Basis seiner Stacheln. Die sind so spitz, dass sie sogar die Gummisohle eines Schuhs durchbohren können.

▼ Schauen Sterngucker wirklich nach den Sternen?

Natürlich nicht, auch wenn es so aussieht. Augen und Maul sitzen an der Oberseite des Kopfes, das sieht so aus, als blickten sie nach oben. Sie sind plump und gleichen ein bisschen einer Kröte. Wie viele Bodenfische graben sie sich ein, bis nur noch Augen und Maul herausschauen. Manche haben einen wurmartigen Fortsatz im Maul, der Beute anlocken soll.

Das Gift des Steinfisches wirkt sehr schnell und kann für den Menschen tödlich sein.

Sterngucker können mit speziellen aus dem Sehnerv entstandenen Organen hinter den Augen einen elektrischen Schlag austeilen.

▶ Gibt es bodenlebende Haie?

Ja, der Engelhai lebt auf Sandboden in Tiefen bis 100 Meter. Wie die meisten anderen Grundfische hat er einen platten Körper und ein Tarnmuster – er ist grau oder hellbraun und braun oder bläulich gesprenkelt. Engelhaie fressen kleinere Grundfische und benutzen zum Aufspüren der Beute ihr elektrisches Organ.

Engelhaie vergraben sich häufig im Sand.

Wie stark ist der elektrische Schlag des Sternguckers? Etwa 50 Volt.

Der Pfauenbutt kann je nach seiner Umgebung seine Farbe wechseln.

Warum sind Flundern platt?

Nach dem Schlüpfen gleichen die jungen Flundern anderen Fischen, und sie schwimmen auch frei herum. Aber bald suchen sie den Grund auf und legen sich auf eine Seite. Dann rückt ein Auge von der Unterseite nach oben, und auch der Mund verschiebt sich an die Oberseite. Die Unterseite verliert nun ihre Farbe und wird weiß, während die Oberseite eine Tarnfärbung annimmt.

Fische im Korallenriff

Korallenriffe bestehen aus den Skeletten der Kolonien bildenden Riffkorallen, die sich zu sehr großen Strukturen verbinden. Ein Korallenriff ist ein außerordentlich vielgestaltiger Lebensraum für viele Tiere, die alle ihre Nischen besitzen – manche in den Flachwasserbereichen, manche tiefer. Es ist ein äußerst komplexes System von Beziehungen mit einer ungeheuer großen Diversität.

▼ Welcher ist der größte Fisch im Korallenriff?

Der Riesenzackenbarsch ist der größte Knochenfisch, der ständig im Riff lebt. Er kann 300-400 kg wiegen – das ist schwerer als fünf Männer. Riesenzackenbarsche fressen Hummer, andere Fische und sogar kleine Haie und leben meist in tiefen Spalten oder Höhlen. Wegen ihrer Größe sind sie nicht ängstlich und schwimmen meist langsam, wenn sie nicht gerade jagen. Sie haben ein gigantisches Maul, und ihre Färbung gleicht oft ihrer Umgebung.

Riesenzackenbarsche können 40 Jahre alt werden.

◀ Warum leben Clownsfische in Seeanemonen?

Clownsfische leben in Gruppen in und um Seeanemonen herum. Sie sind immun gegen das Gift in den Tentakeln der Anemonen, daher sind sie gut gegen Räuber geschützt. Im Gegenzug säubern die Clownsfische die Anemonen von Schmutz und vertreiben Schmetterlingsfische, die die Tentakel von Anemonen fressen.

Clownsfische sind erstaunlich aggressiv für ihre Größe und vertreiben weit größere Fische, vor allem wenn sie ihre Eier bewachen.

▶ Wie verteidigt sich der Diadem-Kaiserfisch?

Der Diadem-Kaiserfisch, auch Engelsfisch genannt, ist wohl einer der schönsten Fische im Riff. Er heißt „Kaiser" wegen des Flecks auf der Kopfoberseite, der wie eine Krone aussieht. Auch an Flossen und Maul trägt er ähnliche Flecke. Sie wirken als falsche Augen, die Feinde über die Schwimmrichtung, Größe und die vermutliche Position lebenswichtiger Teile wie Kopf, Augen und Kiemen täuschen sollen.

Die meisten Engelsfische sind Einzelgänger und schwimmen dauernd, oft auf einer festgelegten Route.

Warum sind Rotfeuerfische gestreift?

Rotfeuerfische sind sehr auffällig gefärbt. Wie so häufig in der Natur sollen die leuchtenden Farben Angreifer vor einer möglichen Gefahr warnen. Im farbenreichen Korallenriff allerdings wirken die roten, braunen und weißen Streifen der Rotfeuerfische jedoch als vorzügliche Tarnung. Manche Arten besitzen Giftstacheln an Kopf und Flossen. Ihre Stiche sind für den Menschen sehr schmerzhaft.

Warum werden Clownsfische nicht gestochen? Ihre Körper sind durch eine Schleimschicht geschützt.

Die Stacheln des Rotfeuerfisches leiten das Gift aus den Giftdrüsen an ihrer Basis in die Wunde.

Süßwasserfische

Süßwasserfische bewohnen Bäche, Flüsse, Seen und Kanäle. Süßgewässer machen nur zwei bis drei Prozent des gesamten Wassers auf der Erde aus (vor allem im Eis der Polarkappen) und weniger als ein Prozent der Erdoberfläche. Und dennoch beherbergen sie eine enorme Zahl von Arten. Doch sind ihre Lebensräume durch menschliche Einflüsse und durch die Umweltverschmutzung gefährdet.

Siamesische Kampffische wurden als Zierfische gezüchtet – bei manchen sind die Flossen länger als der Körper.

▼ Wie sorgen Rote Buntbarsche für ihre Jungen?

Der Rote Buntbarsch ist normalerweise ein aggressiver Fisch mit einem festen Territorium. Dennoch bleiben die Paare lebenslang zusammen und haben eine hochentwickelte Brutfürsorge. Das gibt ihren Jungen eine größere Überlebenschance. Nach der Ablage und Befruchtung der Eier bewacht das Paar das Nest. Ein Partner fächelt dem Nest Frischwasser zu, der andere hält Wache. Selbst die Jungfische werden noch von beiden Eltern verteidigt.

▼ Wann fressen Piranhas größere Tiere?

Die Roten Piranhas sind wohl die berühmtesten Raubfische. Normalerweise fressen sie kleine Fische, sie können aber auch viel größere Tiere verzehren. Das geschieht allerdings meist nur, wenn ein großes Tier verwundet ist. Der plötzliche Geruch von frischem Blut im Wasser kann die Piranhas in eine Art Raserei versetzen. Große Mengen von Piranhas stürzen sich dann auf die Beute, und sie können ein schweinegroßes Tier in wenigen Minuten bis auf die Knochen auffressen. Dabei schnappt jeder Fisch immer wieder mit seinen rasiermesserscharfen Zähnen zu.

Piranhas kommen in Südamerika vor, wo Eingeborene ihre scharfen Zähne als Waffen benutzen.

Obwohl normalerweise dunkler, werden die Roten Buntbarsche zur Brutzeit leuchtend rot.

Wie kämpfen Siamesische Kampffische?

Die lebhaft gefärbten, langflossigen Männchen des Siamesischen Kampffisches verteidigen ihr Territorium energisch gegen jeden Eindringling. Zuerst spreizen sie ihre Flossen in einer aggressiven Pose. Wenn das nicht hilft, gehen sie aufeinander los, beißen sich und schnappen so lange nach den Flossen des Gegners, bis einer aufgibt.

Welcher ist der längste Süßwasserfisch? Der Mekong-Riesenwels.

Der Hecht ist einer der größten Süßwasserfische Deutschlands und kann 1,8 Meter lang werden.

▶ Wie jagen Hechte?

Der Hecht ist ein Lauerjäger, der auf Beute wartet und dann plötzlich vorstößt. Hechte sind Einzelgänger, die sich zwischen Pflanzen oder hinter Steinen verbergen. Wenn sich ein Beutetier nähert, schlägt der Hecht schnell mit dem Schwanz und den weit hinten sitzenden Rücken- und Bauchflossen, die wie ein Ruder zusammenwirken. Große Hechte schnappen sogar nach Enten und Wasserhühnern. Das Maul des Hechtes ist sehr groß und schnabelförmig und mit vielen spitzen Zähnen besetzt.

Aale und Welse

Welse erkennt man an ihren fadenförmigen Barteln an Ober- und Unterkiefer. Kopf und Maul sind breit, und die Augen sind klein. Bei vielen Arten tragen die Rücken- und Brustflossen spitze Stacheln. Die Aalartigen, von denen wir 20 Familien kennen, sind alle lang gestreckt und haben stachellose Flossen. Bei den meisten bildet die Flosse einen Saum entlang des Rückens, und die Haut ist mit sehr kleinen Schuppen besetzt.

▼ Wie unterscheiden sich Meeraale von Muränen?

Meeraale unterschieden sich von Muränen durch den Besitz von Brustflossen und die schwarzen Ränder von Rücken- und Bauchflossen. Zu Beginn der Laichzeit verändert sich der Körper der weiblichen Meeraale. Sie fressen nicht mehr und brauchen alle Energie zur Produktion der Eier. Meeraale wandern vom Schwarzen Meer oder von Island zu den Laichgebieten zwischen Gibraltar und den Azoren, wo das Weibchen im tiefen Wasser drei bis acht Millionen Eier ablegt.

Der Meeraal wird mit 15 Jahren geschlechtsreif und laicht im Sommer.

Wie fängt eine Muräne ihre Beute?

Muränen stecken normalerweise mit dem Hinterleib in Spalten in Felsen oder im Riff, und nur der Kopf ragt heraus und bewegt sich mit der Dünung. Das Maul ist geöffnet, bereit, sofort zuzustoßen, wenn ein Beutetier sich nähert. Muränen sind normalerweise Nachttiere, kommen aber auch tagsüber heraus, wenn es etwas zu fressen gibt.

Die Grüne Muräne wird normalerweise 1,5 Meter lang, kann aber 3 Meter erreichen.

Der Grunzwels kann 20 cm lang werden.

▶ Wie macht der Grunzwels Geräusche?

Der Grunzwels kann grunzende Geräusche produzieren, vor allem wenn er gefangen wird. Sie entstehen durch Vibrationen seiner Schwimmblase und Bewegungen der Brustflossen. Obwohl der Name zu einer anderen Gruppe gehört, wird der Grunzwels oft auch als „Panzerwels" bezeichnet, weil er eine Reihe dicker, stachliger, einander überlappender Platten auf den Körperseiten trägt. Die Stacheln können sehr schmerzhafte und schlecht heilende Wunden hervorrufen, somit ist der Grunzwels sowohl gepanzert wie bewaffnet.

▼ Können Panzerwelse außerhalb des Wassers überleben?

Panzerwelse besitzen eine spezielle Schwimmblase, die zweigeteilt ist und sich in einer knöchernen Kammer befindet. Sie schlucken Luft an der Wasseroberfläche und speichern sie in dieser Luftblase. Die wirkt wie eine einfache Lunge und lässt Sauerstoff in den Blutkreislauf des Fisches gelangen. Daher können Panzerwelse lange außerhalb des Wassers überdauern, vor allem, wenn sie feucht gehalten werden.

Manche Panzerwelse stellen für ihre Eier Nester aus Pflanzen und Steinchen her.

Wie viele Eier legt ein Panzerwels? Bis 200.

Fliegende Fische, Seepferdchen, Seenadeln und Fetzenfische

Alle Seepferdchen leben im Meer, während manche Seenadeln auch im Süßwasser vorkommen. Beide besitzen sehr kleine Schuppen, die ringförmig angeordnet einen festen Panzer bilden. Sie haben ein langes, flötenförmiges Maul, mit dem sie Kleinstorganismen aufsaugen, und einen langen Schwanz, mit dem sie sich festhalten. Fliegende Fische schwimmen sehr schnell, und ihre Flossen haben keine festen Strahlen.

Seepferdchen, Seenadeln und Fetzenfische können ihre Augen einzeln bewegen, wie die Chamäleons.

▲ Wie unterscheiden sich Seenadeln von Seepferdchen?

Seenadeln gleichen den Seepferdchen sehr, aber ihr Körper ist lang gestreckt wie der Schaft einer langen Pfeife. Viele Seenadeln leben im Korallenriff und sind dort sehr gut getarnt, manchmal in extremer Weise, wie die Harlekinseenadel. Manche Seenadeln brüten ihre Eier in den vergrößerten Bauchflossen aus. Einige Seenadeln kommen in sehr flachem Wasser vor und sind bei Ebbe in Gezeitentümpeln zu finden.

◀ Welches ist das größte Seepferdchen?

Das größte ist das Pazifische Seepferdchen, das 30 cm lang werden kann. Wie alle Seepferdchen schwimmt es sehr langsam mit Wellenbewegungen seiner Rückenflosse, dabei steuert es mit den Brustflossen. Mit dem Schwanz kann es sich am Seegras festhalten. Seepferdchen besitzen größere Schwimmblasen als andere Fische, da ihre Körperform ihnen nur wenig Auftrieb verleiht. Seepferdchen sind in allen flachen tropischen und subtropischen Meeren häufig.

Die meisten Seepferdchenpaare bleiben ihr Leben lang zusammen und begrüßen sich jeden Morgen zeremoniell.

▶ Wie sehen Fetzenfische aus?

Fetzenfische gehören zu den am besten getarnten Tieren überhaupt. Im Seegras ist es fast unmöglich, sie zu entdecken, denn ihre blattartigen Anhänge am ganzen Körper gleichen täuschend den Algenblättern und dienen ausschließlich der Tarnung. Fetzenfische besitzen keinen Greifschwanz. Sie leben in flachen Küstengewässern vor Australien.

Weibliche Fetzenfische legen ihre Eier an den Schwanz der Männchen, wo sie bis zum Schlüpfen bleiben.

Wie lange kann ein Fliegender Fisch in der Luft bleiben? Fast 30 Sekunden lang.

Fliegende Fische können zuweilen mehr als 100 Meter weit gleiten, meist sind es aber nur etwa 40 Meter.

Wie fliegen Fliegende Fische?

Der Atlantische Fliegende Fisch muss, um fliegen zu können, erst eine Geschwindigkeit von 65 km/h erreichen, was er mit bis 50 Schwanzschlägen in der Sekunde schafft. Dann schießt er aus dem Wasser und in die Luft. Dabei breitet er die großen Brustflossen aus, hält sie steif und segelt auf ihnen. Außerdem schlägt er weiter mit dem Schwanz, um Schwung zu behalten. Das Fliegen dient wohl der Flucht vor Raubfischen, nicht dem Nahrungserwerb.

Raubfische

Zu den größten Raubfischen im Meer gehören der Blaue Marlin und der Segelfisch. Der Schwertfisch unterscheidet sich von beiden durch den längeren und flacheren Schnabel. Alle drei sind sehr schnelle Schwimmer, und von Marlin und Segelfisch ist bekannt, dass sie gern aus dem Wasser springen. Der Barrakuda ist ein anderer, nicht näher verwandter Raubfisch mit lang gestrecktem Körper und kräftigen, mit langen, spitzen Zähnen bewaffneten Kiefern. Alle sind in tropischen und subtropischen Meeren beheimatet.

Barrakudas besitzen einen gegabelten Schwanz und sind schwarz und silbern gestreift.

▶ Wie schwimmt der Marlin?

Wie Schwertfisch und Segelfisch kann der Marlin auf zweierlei Weise schwimmen, wobei er zwei verschiedene Sorten von Muskeln benutzt – schnell und langsam. Die langsame ist für das normale Schwimmen über große Entfernungen und spart Energie, die schnelle wird beim schnellen Spurt gebraucht, wo der Marlin 80 km/h erreichen kann. Obwohl der Marlin nicht als gefährlich gilt, gibt es Fälle, wo ein Marlin aus dem Wasser sprang und den unglücklichen Fischer, der ihn fangen wollte, aufgespießt hat.

Wegen ihrer großen Kraft und Schnelligkeit sind Blauer Marlin und Segelfisch bei Sportfischern sehr begehrt.

Wie jagen Barrakudas?

Barrakudas werden von glitzernden Dingen wie Fischschuppen angelockt. Es scheint daher, dass sie ihre Beute eher mit den Augen als durch den Geruch finden. Erwachsene Barrakudas sind meist Einzelgänger und Lauerjäger, aber die Jungen finden sich zu Schulen zusammen und jagen auch in Rudeln. Sie fressen alle Arten kleinerer Fische, und obwohl sie satt sind, halten sie manchmal Fischschwärme so lange zusammen, bis sie wieder Hunger haben.

▼ Wie schnell schwimmt ein Segelfisch?

Segelfische sind die schnellsten Schwimmer und können 110 km/h erreichen, obgleich sie normalerweise etwa 96 km/h schnell sind. Sie besitzen einen extrem stromlinienförmigen Leib und enorme Segelflossen, die beim Schwimmen zusammengefaltet sind, bei Gefahr aber aufgerichtet werden. Segelfische werden bis 3,6 Meter lang, und ihr Körper ist äußerst muskulös. Mit heftigen Schwanzschlägen können sie plötzlich beschleunigen, und es gibt Berichte, dass sie Haie verletzt haben, doch wahrscheinlich mehr zufällig, weil sie hinter der gleichen Beute her waren.

▼ Wie unterscheidet sich der Schwertfisch vom Marlin?

Schwertfische haben einen längeren Schnabel als der Marlin – er kann 30 Prozent der Gesamtlänge betragen –, und sie sind insgesamt größer. Sie verlieren im Lauf des Lebens Zähne und Schuppen, und ihnen fehlen die langen fadenförmigen Brustflossen des Segelfischs und des Marlin. Bei der Jagd schlagen sie mit dem Schwert um sich, um ihre Beute zu verletzen oder zu lähmen. Schwertfische können bis 550 kg schwer werden.

Segelfische fressen Fische und Kalmare, die sie mit Hochgeschwindigkeit im freien Wasser jagen.

Das Schwert des Schwertfisches besteht aus Knochen, der mit Haut bedeckt ist.

Wie alt wird ein Schwertfisch? Mehr als 25 Jahre.

Amphibien

Amphibien verbringen ihr Leben sowohl an Land wie im Wasser. Erwachsene Amphibien sind Räuber, die eine Vielzahl anderer Lebewesen fressen. Die Haut ist wasserdurchlässig, feucht und dünn und besitzt keinen festen Überzug wie bei den übrigen Wirbeltieren – Federn bei den Vögeln, Schuppen bei Fischen und Reptilien und Haare bei den Säugetieren.

Amphibien halten ihre Haut mit einer Art Schleim feucht, der aus speziellen Drüsen stammt. Häufig sind diese Sekrete giftig, entweder um Feinde abzuschrecken oder um die Haut frei von Bakterien zu halten. Die Haut kann glatt oder warzig sein und ist oft lebhaft gefärbt oder gemustert. Alle Amphibien können außerdem durch die Haut atmen.

Die meisten Amphibien besitzen Schwimmhäute, und viele haben große, weit vorragende Augen, die besonders nachts wichtig sind, denn viele Amphibien sind Nachttiere. Die Pupillen sind rund oder schmal. Tagtiere haben runde oder horizontal verschmälerte Pupillen, Nachttiere besitzen senkrechte Pupillen.

Bei den meisten Amphibien verläuft der Lebenszyklus in zwei verschiedenen Phasen: Die Weibchen legen Eier, aus denen Larven schlüpfen, die sich später in das erwachsene Amphib verwandeln. Man nennt diesen Prozess Metamorphose.

Molche und Salamander

Molche und Salamander sind Amphibien, die wie Reptilien aussehen, doch sie besitzen keine Schuppen. Sie sind meist nachtaktiv, haben einen langen, schlanken Körper, aber ziemlich kurze Gliedmaßen, und lange Schwänze. Insgesamt kennen wir 450 Arten, aber es mögen noch mehr sein, da immer wieder neue entdeckt werden. Manche Arten können sogar klettern, aber die meisten verstecken sich unter Steinen, bis es dunkel wird oder regnet. Meist legen sie ihre Eier im Wasser ab, nur die Salamander tun das an Land.

Anders als die meisten Molche und Salamander legen weibliche Feuersalamander bereits Larven in Bächen ab.

▼ Wie schwimmt der Japanische Rotbauchmolch?

Er schlägt mit seinem langen, abgeflachten Schwanz seitlich hin und her. Die meiste Zeit verbringt er im Wasser und schwimmt schnell und wendig. Wie bei vielen Molchen und Salamandern dient seine leuchtend rote Farbe der Warnung, denn er produziert ein Gift, das für Feinde gefährlich ist oder wenigstens abscheulich schmeckt. Der Paarung geht eine lange Balz mit Tänzen im Wasser voraus, bei der das Männchen schnell mit dem Schwanz schlägt und sich dem Weibchen präsentiert.

▲ Wie schützen sich Feuersalamander?

Feuersalamander besitzen zwei Reihen von vergrößerten Drüsen, die Parotiden, auf der Rückenmitte, aus denen sie giftige Substanzen sprühen können. Sie können recht genau zielen und fast 2 Meter weit sprühen. Das Gift greift das Zentralnervensystem des Angreifers an und verursacht ein Brennen in Augen und Mund. Nach ihrer Larvalentwicklung verbringen Feuersalamander ihr weiteres Leben an Land.

Der Japanische Rotbauchmolch ist auch oft am Tag aktiv.

Wie viel Zeit verbringt ein erwachsener Molch im Wasser?
Zwischen einem und 210 Tagen pro Jahr.

Der Grottenolm kann bis 30 cm lang werden.

Der Rotbauchmolch enthält genügend Gift, um einen Menschen zu töten, daher ist es klug, ihn nicht zu verspeisen.

▲ Was ist ein Grottenolm?

Ein Grottenolm ist ein Salamander, der niemals erwachsen wird! Er behält zeitlebens eine Reihe von Larvenmerkmalen. Erwachsene Salamander können durch die Haut und durch Lungen atmen, der Olm aber behält die Kiemen der Larve und verliert diese niemals. Olme sind außerdem bleich gefärbt, weil in den Höhlen, wo sie wohnen, Farben nicht sichtbar sind. Die Augen sind sehr klein, aber der große Schwanz hilft ihnen beim Schwimmen.

Weshalb rollt sich der Rotbauchmolch zu einer Kugel zusammen?

Er zeigt ein eigenartiges Verhalten, das als „Unkenreflex" bezeichnet wird. Der Name kommt von der europäischen Rotbauchunke, die das gleiche Verhalten zeigt. Wenn er sich bedroht fühlt, schließt der Rotbauchmolch die Augen, streckt die Gliedmaßen aus und rollt sich derartig zusammen, dass er möglichst viel von seiner lebhaft gefärbten Unterseite zeigt. Das warnt einen Angreifer, dass sein Opfer schlecht schmeckt oder giftig ist.

Frösche

Frösche sind Amphibien mit langen Hinterbeinen zum Springen. Die verlängerten Fußknochen verleihen ihnen besondere Sprungkraft. Frösche unterscheiden sich von Kröten durch ihre glatte Haut, während sie bei den Kröten meistens warzig ist. Frösche kommen besonders an feuchten, unzugänglichen Stellen vor, etwa in Regenwäldern. Daher bleibt noch viel zu erforschen, und es werden tatsächlich dauernd neue Arten entdeckt. Viele Frösche laichen in Tümpeln, und ihre Larven sind Kaulquappen.

Der nestbauende Baumfrosch lebt in Südafrika und frisst Insekten wie die meisten Frösche.

▼ Welcher ist der giftigste Frosch?

Der Goldpfeilgiftfrosch aus Südamerika. Er tritt in verschiedenen leuchtenden Farben auf, Hellgrün, Gelb und Orange – die alle einen etwaigen Angreifer vor der Gefahr warnen. Der Frosch ist so giftig, dass selbst das Anfassen gefährlich ist. Pfeilgiftfrösche heißen so, weil die südamerikanischen Indianer mit ihrem Hautgift ihre Pfeile für die Jagd präparieren.

▲ Bauen Frösche Nester?

Zum Schutz der empfindlichen Eier vor Fressfeinden legt der Afrikanische Baumfrosch seine Eier in einem Schaumnest auf einem Ast ab, der übers Wasser ragt. Während das Weibchen die Eier und eine Flüssigkeit produziert, umklammert das Männchen das Weibchen und schlägt diese Flüssigkeit zu Schaum. Der erhärtet schließlich zu einem Schaumnest. Häufig arbeiten mehrere Paare an einem gemeinsamen großen Nest. Wenn die Kaulquappen schlüpfen, fallen sie direkt vom Ast ins Wasser.

Ein mit dem Gift des Pfeilgiftfrosches behandelter Pfeil kann ein Jahr lang tödlich sein.

Welche Kröte sieht wie tot aus?

Die Wabenkröte, eigentlich ein Frosch, sieht aus, als wäre sie gebügelt worden. Sie ist einer der bizarrsten Frösche und hat auch eine sehr eigenartige Brutpflege. Das Männchen befruchtet die Eier, legt sie dem Weibchen auf den Rücken und drückt sie mit dem Bauch fest. Nach ein paar Tagen sinken sie tief in die Haut ein. Sie verlassen das Weibchen als Kaulquappen, bei anderen Arten aber bereits als Jungfrösche.

Die Wabenkröte ertastet ihre Nahrung. Sie tastet den Boden des Gewässers mit ihren langen, dünnen Fingern ab.

Wie viele Froscharten gibt es? Mehr als 4400, und es werden immerzu neue entdeckt.

▶ Warum verschluckt der Darwinfrosch seine Jungen?

Es scheint nur so. Das Weibchen des Darwinfrosches legt die Eier an Land. Die Männchen bewachen sie so lange, bis die Kaulquappen ausschlüpfen, dann nimmt sie das Männchen ins Maul, ohne sie zu verschlucken. Bei einer Art, Rhinoderma darwinii, bewahrt das Männchen die Kaulquappen in seiner Schallblase auf, bis sie sich in Jungfrösche verwandelt haben. Eine andere Art, Rhinoderma rufum, trägt die Kaulquappen ins Wasser.

Die Männchen des Darwinfrosches können bis 15 Kaulquappen in ihrer Schallblase aufnehmen.

Kröten

Kröten sind im Allgemeinen plumper als Frösche, haben kürzere Beine und eine warzige Haut. Hinter den Augen befindet sich eine große Drüse, die Parotide. Kröten sind Bodentiere und verstecken sich tagsüber meist im Boden, sie gehen nur nachts auf Jagd oder paaren sich. Wie die Frösche legen sie Eier, aus denen Kaulquappen ausschlüpfen. Viele Krötenarten jagen Insekten, indem sie ihre klebrige Zunge herausstrecken. Andere sind Lauerjäger.

Das letzte Mal wurde die Goldkröte 1987 gesehen, seither nicht mehr.

▲ Welche ist die farbenprächtigste Kröte?

Die Goldkröte lebt, oder lebte, in den Regenwäldern Costa Ricas. Meistens ist sie in selbst gegrabenen Höhlen im Wurzelwerk des Regenwaldes verborgen. Nur wenige Tage im Jahr kommt sie heraus, um sich in kleinen Tümpeln und Bächen zu paaren. Die Männchen sind gold-orange gefärbt, die Weibchen dunkelrot mit großen braunen Flecken – sie gehören zu den farbenfrohesten Kröten.

◀ Was fressen Agakröten?

Die Agakröte ist ein stets hungriger Räuber, der alles verschlingt, was in sein großes Maul passt, selbst Vögel, Mäuse und Fische, abgesehen von Insekten, Schnecken und Würmern. Agakröten sind von Texas bis Südamerika heimisch, wurden jedoch zur Schädlingsbekämpfung in andere Länder eingeführt. Wegen ihres großen Appetits hatte das in diesen Ländern leider schreckliche Folgen für die eingeborenen Frösche oder nützliche Insekten.

Die Agakröte kann 25 cm lang werden und bis zu 1 kg wiegen.

▶ Bekommt man von Kröten Warzen?

Dafür gibt es keinerlei Hinweise, trotzdem ist es nicht ratsam, Kröten anzufassen. Alle Kröten produzieren Hautgifte verschiedener Stärke, um Feinde abzuwehren, zum Beispiel Vögel, Füchse und andere Räuber. Die Warzen sind vergrößerte Hautdrüsen, die solche Gifte abscheiden. Manche Kröten sind daher recht gefährlich. Das Gift der Coloradokröte beispielsweise kann starke Halluzinationen hervorrufen, wenn es gegessen wird.

Die Coloradokröte bewohnt den Südwesten der USA. Sie frisst Insekten und kleine Nagetiere.

Wie viele Eier kann eine Kröte legen? Bis 20 000.

Erdkröten warten auf Regen, bevor sie den Tümpel verlassen, in dem sie zur Welt kamen.

Welche Kröte frisst Bienen?

Die europäische Erdkröte wurde beobachtet, wie sie am Spätnachmittag an Bienenkörben sitzt und auf zurückkehrende Bienen lauert. Erdkröten sehen ziemlich plump aus, und die Weibchen können 18 cm lang werden – so groß wie eine Männerhand. Bei der Paarung umklammert das Männchen den Rücken des Weibchens, um den richtigen Platz zum Befruchten der Eier zu besetzen. Die Eier werden in langen Schnüren abgelegt.

Reptilien

Reptilien besitzen eine feste, trockene und beschuppte Haut. Sie sind kaltblütig, das heißt, sie können ihre Körpertemperatur nicht selbst regulieren, sondern sind auf ihre Umgebung angewiesen, um sich zu wärmen oder abzukühlen. Daher bewohnen die meisten Reptilien warme Länder und verbringen viel Zeit damit, sich zu sonnen.

Alle Reptilien besitzen ein Rückgrat, auch die Schlangen und Schildkröten. Sie atmen Luft durch Lungen, deshalb müssen wasserlebende Reptilien zum Atmen an die Oberfläche kommen. Wir kennen etwa 6000 Reptilienarten, darunter Krokodile, Alligatoren, Eidechsen, Chamäleons, Schlangen und Schildkröten. Die größte Gruppe der Reptilien sind die Echsen mit etwa 3500 Arten. Die meisten Reptilien legen Eier, die eine feste, gummiartige Schale haben, aber einige Arten, zum Beispiel manche Schlangen, gebären lebende Junge.

Schildkröten

Schildkröten gehören zu den ursprünglichsten Reptilien auf der Erde. Gewaltige Schildkröten schwammen bereits vor über 65 Mio. Jahren in den Meeren, als die Dinosaurier die Erde beherrschten. Heute existieren noch 240 Schildkrötenarten. Manche leben an Land, manche in Süßwasserseen und in Flüssen und die großen Meeresschildkröten im Meer.

Große Lederschildkröten können 3 Meter lang werden, so groß wie ein Ruderboot. Sie wiegen über 900 kg, zehnmal so viel wie ein Mann.

▼ Wie groß werden Süßwasserschildkröten?

Die Schildkröten im Süßwasser sind viel kleiner als die Meeresschildkröten. Die Rotwangenschmuckschildkröte in Nord- und Südamerika wird nur 25 cm lang. Sie frisst Fische, Insekten und Wasserpflanzen.
Sie ist ein soziales Tier, das häufig in großer Zahl zusammenlebt. Sie ist tagaktiv und verbringt viel Zeit sonnenbadend auf Wurzeln am Ufer oder auf treibenden Baumstämmen. Die Weibchen legen bis zu 22 Eier, die etwa drei Monate zum Reifen brauchen.

▲ Wo lebt die Lederschildkröte?

Lederschildkröten leben in allen warmen Meeren. Wie alle Meeresschildkröten verbringen sie ihr gesamtes Leben im Meer. Die Weibchen kommen nur zur Eiablage an Land. Erstaunlicherweise kehren sie dafür zu genau dem gleichen Strand zurück, an dem sie aus dem Ei geschlüpft sind. Wenn eine weibliche Lederschildkröte ihre Eier abgelegt hat, bedeckt sie sie mit Sand und kehrt ins Meer zurück. Die Sonne brütet die Eier allein aus.

Besitzen Schildkröten Zähne? Nein, aber sie haben sehr scharfkantige Schnäbel, mit denen sie die Nahrung abbeißen und zerschneiden.

Der Panzer einer Schildkröte besteht aus etwa 60 Knochenplatten, die Rücken und Bauch bedecken. Nur Kopf, Schwanz und Gliedmaßen ragen aus dem Panzer heraus.

Schildkröten ziehen Kopf, Schwanz und Gliedmaßen in den Panzer ein, wenn Gefahr droht. Dann sind sie perfekt gegen fast jeden Feind geschützt.

Wo leben Galapagos-Riesenschildkröten?

Auf den Galapagos-Inseln vor der Küste Ecuadors im Ostpazifik. Sie werden bis 1,1 Meter lang, und die Männchen sind meistens größer als die Weibchen.
Große Landschildkröten wie die Galapagos-Riesenschildkröten wachsen sehr langsam. Daher können sie über 100 Jahre alt werden, älter als fast alle anderen Tiere.

▼ Wie atmen Meeresschildkröten?

Sie atmen Luft wie die Landschildkröten, können aber ruhend bis zwei Stunden lang die Luft anhalten. Sind sie aber aktiv, müssen sie alle paar Minuten zum Atmen an die Oberfläche kommen.

Unechte Karettschildkröten leben im Atlantik und Pazifik. Sie bleiben ziemlich dicht an der Küste und bewohnen überwiegend Gewässer, die nicht tiefer als 18 Meter sind. Sie leben von Seegras und kleinen Meerestieren.

Riesenschlangen

Alle Schlangen sind Räuber, aber sie töten ihre Beute auf sehr unterschiedliche Weise. Riesenschlangen haben kein Gift, sondern erdrücken ihr Opfer. Wir unterscheiden Boas und Pythons, die aber beide zur gleichen Familie gehören. Sie ringeln sich um ihr Opfer und verstärken ihren Druck jedesmal, wenn das Opfer ausatmet. Ist es tot, verschlingt die Schlange es im Ganzen.

Pythons können ihr Maul beim Verschlingen der Beute sehr weit öffnen. Das Opfer wird Kopf voran verschlungen, und wenn es sehr groß ist, kann der Python seine Rippen spreizen, damit es im Bauch Platz hat.

▲ Wo lebt der Teppichpython?

Teppichpythons leben in unterschiedlichen Lebensräumen in Nordaustralien, sowohl in Regenwäldern wie in Trockengebieten. Ihre bevorzugte Beute sind unter anderem kleine Beuteltiere, Nagetiere und verschiedene Echsen.

Das lebhafte Farbmuster des Teppichpythons erinnert an einen Orientteppich. Diese Musterung ist eine vorzügliche Tarnung, wenn der Python im Schatten liegend auf vorbeikommende Beute lauert.

▼ Wo lebt der Grüne Baumpython?

Er bewohnt die Regenwälder Neuguineas. Er gleicht täuschend der ebenfalls grünen Hundskopfboa aus Südamerika und führt auch die gleiche Lebensweise. Beide Schlangenarten schlafen tagsüber in Bäumen und gehen nachts auf Jagd. Die grüne Farbe verbirgt sie bestens im Blätterdach.

Erwachsene Baumpythons sind grün, doch die frisch geschlüpften Jungtiere sind leuchtend gelb oder zuweilen sogar rot. Erst nach einem Jahr werden sie grün.

Alle Schlangen haben einen lang gestreckten, beschuppten Leib und kriechen auf dem Bauch, weil sie keine Beine haben. Sie sind kaltblütig, daher hängt ihre Körpertemperatur von ihrer Umgebung ab.

Die Boa constrictor wird 2,4 bis 3 Meter lang. Wie alle Schlangen wächst sie zeitlebens und muss sich daher regelmäßig häuten. Allerdings verlangsamt sich das Wachstum mit dem Alter.

Wie viele Schlangenarten gibt es?
2700 Arten, darunter 27 Pythons und 35 Boas.

▼ Welche ist die schwerste Schlange der Welt?

Das ist die Grüne Anakonda aus den Regenwäldern Südamerikas. Ein 9 Meter langes Tier dieser massigen Schlange wiegt etwa 225 kg. Die Anakonda kann einen Kaiman erwürgen und in einem Stück verschlingen. Nach einem solchen Mahl wiegt sie natürlich noch mehr.

Anakondas werden auch als „Wasserboas" bezeichnet, weil sie sich meist in und an Flüssen aufhalten. Nach einer Mahlzeit sonnt sich die Anakonda, um die Verdauung zu beschleunigen.

Sind normale Boas gefährlich?

Die Boa constrictor ist für den Menschen nicht gefährlich, denn sie greift normalerweise keine Tiere an, die größer als ein Vogel oder eine Fledermaus sind.

Die Boa constrictor und ihre Verwandten sind in ganz Südamerika verbreitet, von Mexiko bis Argentinien. Sie kommen in Halbwüsten, Regenwäldern, Savannen und im Farmland vor.

Die Grüne Anakonda ist im Wasser schneller als an Land. Sie schwimmt sehr gut und hält sich die meiste Zeit in Flüssen in den südamerikanischen Regenwäldern auf.

Giftschlangen

Etwa ein Drittel aller Schlangen tötet ihre Beute mit Gift. All diese Giftschlangen injizieren ihr Gift mit langen Giftzähnen. Die Gifte mancher Arten, etwa der Boomslang und der Kobras, sind neurotoxisch und lähmen das Opfer, so dass es sich nicht wehren oder entkommen kann. Andere Schlangen, zum Beispiel die Vipern, benutzen ein zersetzendes Gift, das Fleisch und innere Organe des Opfers auflöst.

▼ Können Schlangen schwimmen?

Viele Arten sind vorzügliche Schwimmer, die auf der Flucht oder zur Kühlung ins Wasser gehen. Die über 50 Arten der Seeschlangen leben aber dauernd im Meer. Viele von ihnen sind extrem giftig.

Seeschlangen besitzen keine Kiemen wie die Fische und können daher nicht im Wasser atmen. Sie können zwar eine Stunde lang die Luft anhalten, dann aber müssen sie zum Atmen an die Oberfläche kommen. Seeschlangen häuten sich viel öfter als Landschlangen, etwa einmal pro Woche.

▼ Warum rasseln Klapperschlangen?

Bei den Klapperschlangen ist der Schwanz zu einer Rassel umgestaltet, die sie als Warnung schütteln. Aber das Gift hat die Schlange natürlich nicht im Schwanz, sondern im Maul. Die giftigste nordamerikanische Klapperschlange ist die Mojave-Klapperschlange, die genügend Gift besitzt, um 15 000 Mäuse zu töten.

Die Östliche Diamantklapperschlange ist die größte Art und kann 2,5 Meter lang werden. Bei der Häutung bleiben die alten Schuppen am Schwanzende erhalten, und die erzeugen das Rasseln, wenn sie aneinanderreiben. Je älter die Klapperschlange ist, umso lauter klappert sie deshalb.

Seeschlangen leben in warmen Gewässern des Indischen und westlichen Pazifischen Ozeans. Viele besitzen sehr starke Gifte, um ihre Opfer töten zu können, bevor sie wegschwimmen.

Klapperschlangen gehören zu den Vipern. Alle Vipern haben vorn im Maul lange Giftzähne, mit denen sie das Gift injizieren. Bei geschlossenem Maul sind die Zähne nach hinten umgeklappt.

Töten Schlangengifte alle Tiere? Nein, das Gift wirkt am stärksten auf die normalen Beutetiere; andere Tiere können sogar immun sein.

Die Boomslang ist sehr gefährlich, sie ist aber nur aggressiv, wenn sie sich bedroht fühlt. Bei Belästigung bläht sie ihren Hals auf.

▲ Was ist die Boomslang?

Die Boomslang gehört zur Familie der Nattern oder Colubriden. Nur eine geringe Zahl von Nattern besitzt Giftzähne hinten im Maul. Drei Viertel aller Schlangen sind Nattern, die meisten sind harmlos, aber die Boomslang ist hochgiftig.

Die Boomslang hat große Augen, damit sie ihre Beutetiere in den Wäldern Südafrikas entdecken kann. Sie packt ihre Beute, Vögel, Baumeidechsen und Frösche, und setzt ihren tödlichen Biss erst, wenn sie ihr Opfer bereits im Maul hat.

Bedroht richtet sich die Kapkobra auf und spreizt den Hals, so dass der Hut gut sichtbar ist. Sie zischt warnend, doch beißt diese recht aggressive Schlange ziemlich schnell zu. Ihr Gift verursacht beim Opfer Atemlähmung.

Warum richten sich Kobras auf?

Kobras sind Giftschlangen, die in Asien und Afrika vorkommen. Werden sie gereizt, richten sie sich auf und spreizen ihren Hut, um den Feind abzuschrecken. Manche Kobras, z. B. die Indische Brillenschlange, haben augenartige Muster auf dem Hut. Das verwirrt den Angreifer und ermöglicht der Schlange die Flucht.

Dornteufel, Krustenechsen und Chamäleons

Die Echsen sind mit mehr als 3700 Arten die größte Reptiliengruppe. Sie bewohnen sehr unterschiedliche Lebensräume und Klimazonen. Die meisten kommen allerdings in warmen tropischen Wäldern oder Trockengebieten vor, aber manche widerstandsfähige Arten leben auch in kühleren Gebirgen. Die Größe der Echsen schwankt von winzigen 1,6 cm langen Geckos von Haiti in der Karibik bis zum 3 m langen Komodowaran einiger indonesischer Inseln in Südostasien.

▼ Warum ist der Dornteufel so stachlig?

Der Dornteufel lebt in Halbwüsten Australiens. Diese kleine Echse ist vom Kopf bis zum Schwanz mit Stacheln bedeckt. Die Stacheln dienen nur zum Schutz, nicht um andere Tiere anzugreifen. Die meisten Fressfeinde scheuen derartig stachlige Nahrung und lassen den Dornteufel daher in Ruhe.

Die Weibchen legen 3-10 Eier in ein Nest, die etwa 4 Monate bis zum Schlüpfen brauchen. Wenn die Babys aus dem Ei kriechen, sind sie bereits Miniaturversionen ihrer stachligen Eltern.

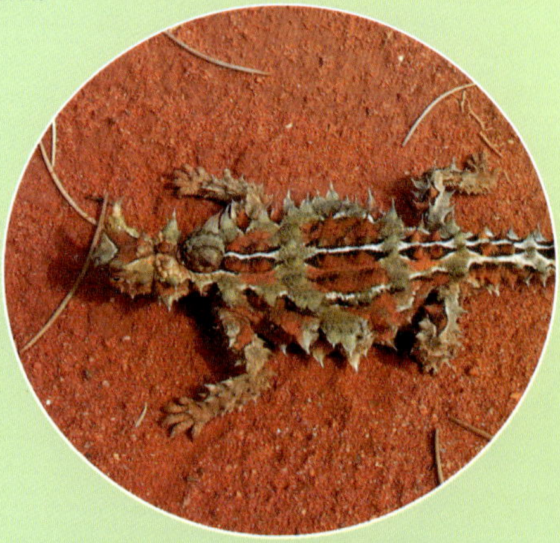

Die ersten acht Monate ihres Lebens suchen die jungen Komodowarane im Wald Schutz vor Räubern und großen Artgenossen. Doch wachsen sie so schnell, dass sie bald nicht mehr klettern können, und wandern dann ins Grasland.

Der Dornteufel frisst Ameisen, aber jeweils nur eine einzige. Er packt sie mit seiner Zunge und kann in einer Minute 45 Ameisen verspeisen. Manchmal sind es 1500 Ameisen bei einer Mahlzeit.

Was frisst der Komodowaran?

Obwohl der Komodowaran gern an toten Tieren frisst, geht er auch aktiv auf die Jagd. Er spürt seine Beute mit seiner gespaltenen Zunge auf, zum Beispiel Hirsche und verwilderte Schweine. Dann stürzt er sich auf sein Opfer und beißt es mit seinen spitzen Zähnen. Obgleich der Komodowaran eigentlich nicht giftig ist, enthält sein Maul ein derartig giftiges Bakteriengemisch, dass sein Opfer sehr schnell infiziert wird und bald nach dem Biss stirbt.

◀ Ist das Gilatier gefährlich?

Das Gilatier ist eine von zwei Echsen, die giftig sind. Die andere ist die Mexikanische Krustenechse. Beide leben in den Felswüsten des südwestlichen Nordamerika. Das Gilatier hat eine leuchtend rote und schwarze Warnfärbung. Es ist nicht aggressiv und beißt nur, wenn es angegriffen wird.

Wie viele Wüstenbewohner ist das Gilatier ein Nachttier, um die Mittagshitze zu vermeiden. Es verschläft den Tag in Felsspalten und jagt nachts kleine Nager oder stiehlt Eier aus Vogel- und Reptiliennestern.

Ein junges Gilatier kann bei einer Mahlzeit halb so viel fressen, wie es wiegt. Das ist wichtig in Wüsten, wo Nahrung rar ist.

Warum sonnen sich Echsen? Alle Echsen sind kaltblütig und sonnen sich, um Wärme aufzunehmen.

▼ Wie verändern Chamäleons ihre Farbe?

Chamäleons verändern ihre Farbe, um sich ihrer Umwelt anzupassen. Das schützt sie vor Feinden, zum Beispiel vor der Boomslang. Bestimmte Hautzellen werden dabei größer oder kleiner, wodurch sich die Färbung ändert.

Die meisten Chamäleons sind wie das Jackson-Chamäleon zwischen 15 und 35 cm lang. Die kleinste Art, das Zwergchamäleon, ist aber nur 2,5 cm lang – so groß wie ein Kinderdaumen.

Es gibt etwa 100 Chamäleonarten; die meisten kommen in Madagaskar östlich von Afrika vor. Die Augen der Chamäleons sind kegelförmig und können unabhängig voneinander bewegt werden.

Leguane und Geckos

Leguane und Geckos sind zwei Echsenfamilien, die überall auf der Welt in warmen Gebieten vorkommen. Sie besiedeln verschiedenste Lebensräume – viele Leguanarten leben im tropischen Regenwald, aber die Meeresleguane der Galapagos-Inseln ernähren sich von Meeresalgen, die sie im Meer abweiden. Manche Geckos, etwa der Leopardgecko, kommen in trockenen Felswüsten vor, aber die meisten Geckos leben ebenfalls in Wäldern.

Der Grüne Leguan schwimmt vorzüglich und springt auf der Flucht vor einem Feind ins Wasser.

▲ Kann der Faltengecko wirklich fliegen?

Der Faltengecko ist eine eigenartige Echse, die in den Regenwäldern Südostasiens beheimatet ist. Er hat Hautfalten an der Seite und zwischen den Zehen, die wie ein Fallschirm wirken, wenn er von Ast zu Ast segelt. Denn der Faltengecko kann zwar nicht aktiv fliegen wie ein Vogel, aber er ist ein Gleitflieger. Faltengeckos werden bis zu acht Jahre alt.

Wie gut können Geckos sehen? Geckos können vor allem nachts vorzüglich sehen, denn die großen Augen sind enorm lichtstark.

Faltengeckos legen ihre Eier an den Stämmen von Bäumen ab, wo sie mit einem natürlichen Klebstoff festkleben.

Wie groß ist der größte Leguan?

Der Grüne Leguan ist einer der größten. Diese häufige Echse kann 2 m lang werden. Er lebt in Regenwäldern von Mittel- und Südamerika, wird aber häufig auch im Terrarium gehalten. Man sollte sich das allerdings gut überlegen – ihre Haltung ist schwierig, und die Tiere können 20 Jahre alt werden.

▶ Wo leben Geckos?

Die meisten Echsen sind scheu, doch ein paar Geckoarten ziehen es vor, in Gebäuden zu leben. Sie jagen dort Insekten und sind nützlich als Vertilger von allerlei Schädlingen. Ihre Kletterkünste erlauben es ihnen, mit dem Kopf nach unten an der Decke zu sitzen!

Es gibt etwa 850 Geckoarten, und die meisten sind exzellente Kletterer. Die Füße sind mit Haftlamellen besetzt, die ihnen auch an glatten Oberflächen einen festen Halt ermöglichen, zum Beispiel in Spalten oder an glatten Felsen.

Die meisten Geckos sind Nachttiere, aber die madagassischen Taggeckos sind tagaktiv. Diese Geckos ernähren sich von Insekten, Pollen, Nektar und weichen Früchten.

▼ Wie sieht die Meerechse aus?

Meerechsen sind dunkelgrau oder schwarz gefärbt, weshalb sie nach dem Schwimmen sehr schnell in der Sonne Wärme aufnehmen können. Sie tauchen bis zu 20 Meter tief und können 20 Minuten lang unter Wasser bleiben. Im kalten Wasser verlangsamen sie ihren Herzschlag und verlieren damit weniger Wärme durch die Haut. Nach dem Tauchen sonnen sich die Meerechsen ausgiebig, um sich wieder aufzuwärmen.

Der Schwanz der Meerechsen ist seitlich abgeplattet und dient zum Steuern und zum Schwimmen, wobei er hin und her bewegt wird.

Eine erwachsene Meerechse hat in ihrem abgelegenen Lebensraum auf den Galapagos-Inseln vor Ecuador in Südamerika nicht viele Feinde. Den Jungtieren stellen vor allem Habichte, Eulen und Schlangen nach.

Schleichen, Skinke und Brückenechsen

Einige Reptilienfamilien, zum Beispiel die Skinke, sind sehr artenreich. Andere Familien sind viel kleiner, etwa die Schleichen mit nur ungefähr 100 Arten. Manche Schleichen sehen wie Schlangen aus, sind aber tatsächlich Echsen. Es gibt jedoch ein Reptil, die Brückenechse oder Tuatara, die wie eine Echse aussieht, aber gar keine ist. Sie ist ein sehr altertümliches Tier, das zu einer eigenen Reptiliengruppe gehört.

▼ Wo lebt der Fünfstreifenskink?

Der Fünfstreifenskink, so genannt nach den fünf Streifen auf dem Rücken, lebt in den USA vorzugsweise in feuchten, waldigen Gegenden. In der kalten Jahreszeit überwintert er in Holzhaufen und Felsspalten, um Energie zu sparen.

Im Vergleich zu anderen Echsen sind Fünfstreifenskinke gute Eltern. Das Weibchen legt bis zu 18 murmelgroße Eier in ein feuchtwarmes Nest, oft in einem verrotteten Holzstoß. Es verteidigt seine Eier gegen Nesträuber und verlässt die Jungen erst einen Tag nach dem Schlüpfen.

Junge Fünfstreifenskinke haben einen leuchtend roten Schwanz, der abbricht, wenn er ergriffen wird. Das ermöglicht ihnen die Flucht.

▲ Wie alt wird die Brückenechse?

Die Brückenechse ist die einzige Überlebende einer ausgestorbenen Familie der Reptilien, die mit den Dinosauriern zusammenlebte. Heute kommt die Brückenechse nur noch auf wenigen Inseln vor der Küste Neuseelands vor und ist eine der am meisten gefährdeten Tierarten der Welt.

Brückenechsen sind wie alle Reptilien kaltblütig, sie haben eine sehr niedrige Körpertemperatur. Das verlangsamt alle ihre Reaktionen, auch das Kauen. Eine Brückenechse kann tatsächlich beim Fressen einschlafen! Diese langsame Echse frisst Insekten, kleine Echsen, Eier und Jungvögel.

Brückenechsen wachsen sehr langsam und brauchen 20 Jahre, um erwachsen zu werden. Wahrscheinlich können sie 100 Jahre alt werden.

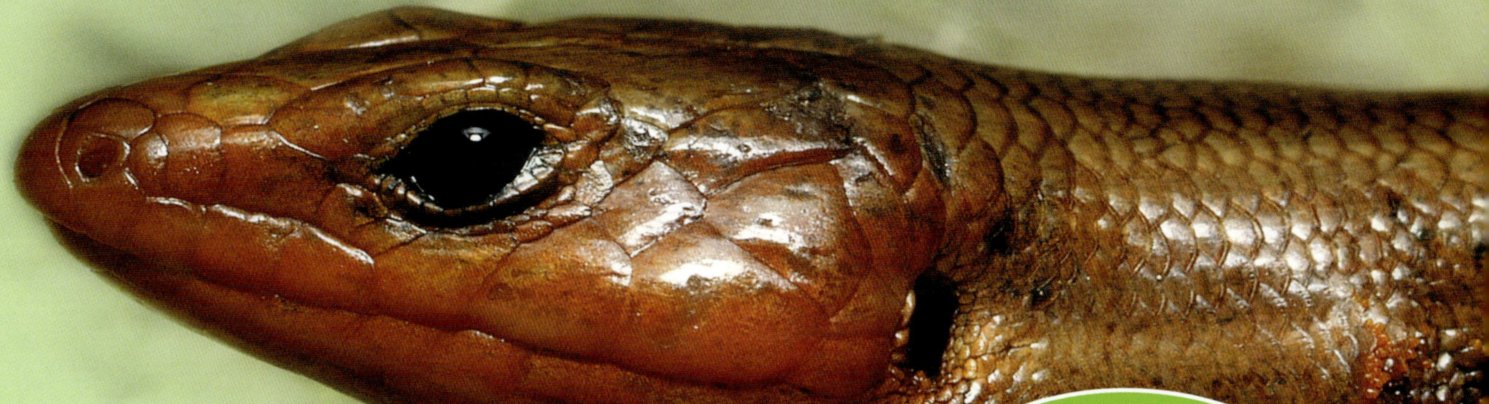

Der Breitkopfskink heißt so wegen seines dreieckigen Kopfes. Er lebt in feuchten Wäldern Nordamerikas.

Was ist ein Skink?

Die Familie der Skinke ist mit mehr als 1300 Arten die größte Echsenfamilie. Die meisten Skinke haben kleine, glatte Schuppen, einen lang gestreckten Körper und kurze Beine. Sie sind tagaktiv und ernähren sich von Insekten und Pflanzen.

Wie sein Name sagt, besitzt der Blauzungenskink eine leuchtend blaue Zunge, die er zur Abwehr von Feinden herausstreckt. Außerdem bläht er seinen Leib auf, um größer zu wirken, und faucht laut.

Wo leben Skinke? Auf allen Kontinenten außer in der Antarktis. Sie sind am häufigsten in den australischen Trockengebieten.

Blindschleichen kann man von Schlangen an den Augen unterscheiden. Sie haben Augenlider, Schlangen nicht.

▶ Wie bewegt sich die Blindschleiche?

Blindschleichen sind beinlose Echsen, die sich durch Schlängeln fortbewegen. Sie werden bis 60 cm lang und leben auf Wiesen und lichten Wäldern in Europa, Nordafrika und Westasien. Im Winter halten sie eine Winterruhe.

Wie viele Echsen verzehren Blindschleichen Insekten, Spinnen und andere kleine Wirbellose. Sie hören und riechen sehr gut und finden auf diese Weise ihre Nahrung.

Krokodile und Alligatoren

Krokodile und Alligatoren gehören zur gleichen Familie. Diese Räuber haben sich nicht verändert, seit sie vor Millionen von Jahren in den prähistorischen Sümpfen jagten, während Dinosaurier die Erde beherrschten. Heute gibt es noch 14 Krokodilarten, zwei Alligatoren und 6 Kaimane. Dazu kommt noch der Gangesgavial, der sich mit seiner langen, schmalen Schnauze sehr von den anderen unterscheidet.

Bei den Krokodilen sitzen Augen und Nasenöffnungen weit oben am Kopf, so können sie sehen und atmen, obwohl der übrige Körper unter Wasser ist.

Wenn die Jungkrokodile aus dem Ei schlüpfen, rufen sie ihre Mutter. Wie menschliche Babys müssen die jungen Krokodile durch Rufen auf sich aufmerksam machen.

▶ Wie sorgen Krokodile für ihre Jungen?

Krokodile pflegen ihre Brut viel besser als die meisten anderen Reptilien. Das Weibchen des Nilkrokodils legt bis zu 75 Eier, vergräbt sie im Ufersand und bewacht sie drei Monate lang. Die Jungtiere trägt es in seinem zähnestarrenden Rachen sicher ins Wasser. Dort bewacht es sie noch mehrere Wochen lang, bis sie sich selber durchschlagen können.

Kleine Beutetiere verschlingen Krokodile im Ganzen, größere Tiere, etwa Hirsche, zerreißen sie vor dem Fressen. Sie können ihre Nahrung nicht kauen, daher verschlucken sie Steine, die bei der Verdauung helfen und das Fleisch im Magen zerreiben. Sie müssen nur etwa einmal in der Woche fressen.

▲ Was fressen Kaimane?

Kaimane gleichen den Alligatoren, sind aber kleiner und haben eine kürzere Schnauze. Dennoch ist ihr Rachen groß genug für vielerlei Beute, Fische, Vögel, Echsen und kleine Säugetiere. Sie jagen meist nachts und verschlingen ihre Opfer im Ganzen.

Kaimane leben vor allem in den tropischen Flüssen Mittel- und Südamerikas. Sie kommen aber auch auf manchen Inseln in der Karibik vor. Deren Vorfahren schwammen entweder aktiv dorthin oder wurden von Meeresströmungen von Südamerika aus verdriftet.

Wo jagt der Gangesgavial?

Der Gangesgavial jagt in schnell fließenden Flüssen, wo es genügend Fische gibt, die er mit seiner langen, schmalen Schnauze fängt. Dieser spezialisierte Fischjäger lebt in Pakistan und Indien, vor allem in den großen Flüssen wie Ganges und Indus.

Anders als seine massigeren Verwandten hat der Gangesgavial recht schwache Gliedmaßen und ist an Land sehr schwerfällig. Er verbringt fast sein ganzes Leben im Wasser und kriecht höchstens auf Sandbänke, um auszuruhen oder sich zu sonnen.

Krokodile und Alligatoren haben als Schutz eine dicke Schuppenhaut. Allerdings haben Erwachsene kaum natürliche Feinde.

Welches ist das größte Krokodil? Das Leistenkrokodil. Es wird mindestens 6 Meter lang, so groß wie ein Rennboot!

▼ Wie schnell sind Alligatoren?

Alligatoren können an Land recht schnell rennen, aber im Wasser sind sie noch schneller. Beim Schwimmen legen sie die Beine an und wedeln mit dem mächtigen Schwanz, der sie schnell durchs Wasser treibt.

Der Mississippialligator bewohnt warme Flüsse und Sümpfe in den südöstlichen USA. Er frisst alles, was er erwischen kann, ebenso Wasservögel wie Fische und Schildkröten. In der Nähe von Wohnungen lauert er manchmal Haustieren auf, die sich zu nah ans Wasser gewagt haben.

Alligatoren und Krokodile kann man an den Zähnen unterscheiden. Bei geschlossenem Maul sind bei Alligatoren keine Zähne im Unterkiefer zu sehen, bei Krokodilen ist aber immer der vierte Unterkieferzahn sichtbar.

Vögel

Vögel sind Tiere mit Federn, Krallen und Schnäbeln, und die meisten können fliegen. Dazu haben sie verschiedene Anpassungen erworben, nämlich leichte, starke und bewegliche Flügel, hohle Knochen, dünne Beine und einen Schnabel anstatt eines zahnbewehrten Maules. Vögel legen hartschalige Eier, in denen der Embryo gut geschützt ist. Die meisten Vögel betreiben Brutfürsorge und bauen für die Eier ein Nest.

Die Federn halten sie warm und dienen zum Fliegen. Die Flügel haben ein Tragflächenprofil und erzeugen beim Schlag sowohl Auftrieb wie Vortrieb. Der Schwanz kann für vielerlei Steuer- und Bremsmanöver gebraucht werden.

Weil Fliegen sehr viel Energie verbraucht, haben Vögel einen sehr hohen Stoffumsatz – das heißt, ihr Körper wandelt Nahrung besonders schnell in Energie um. Deshalb ist ihre Körpertemperatur bis 5 Grad höher als die anderer warmblütiger Tiere. Auch das Vogelherz schlägt sehr schnell: beim Rotkehlchen etwa 600-mal in der Minute, beim Menschen nur etwa 60-mal. Das ist wichtig, um Sauerstoff und Energie möglichst schnell durch den Körper zu transportieren.

Flugunfähige Vögel

Von den ungefähr 9000 Vogelarten sind etwa 40 flugunfähig. Wahrscheinlich stammen alle flugunfähigen Vögel von ehemals flugfähigen ab und haben ihre Flugfähigkeit im Lauf der Zeit verloren. Das kann auf Veränderungen des Lebensraumes beruhen, dem Fehlen von Feinden oder auf einer Spezialisierung für schnelles Laufen oder gewandtes Schwimmen.

▼ Weshalb kann ein Strauß nicht fliegen?

Kurz gesagt: Er ist zu groß! Der Strauß ist der größte Vogel der Erde. Er wird 2,75 m hoch und wiegt bis zu 120 kg. Wissenschaftler glauben, dass kein über 18 kg schwerer Vogel fliegen kann, weil er nicht genügend Muskelkraft dafür besäße. Strauße laufen sehr schnell und können bis zu 70 km/h erreichen.

▼ Wie findet der Zwergkiwi seine Nahrung?

Der Zwergkiwi findet wie alle Kiwis sein Futter mit der Nase, deren Öffnungen am Ende des Schnabels sitzen. Er frisst vor allem kleine Insekten und Würmer. Wie viele flugunfähige Vögel ist der Zwergkiwi vom Aussterben bedroht, vor allem durch eingeschleppte Katzen und Schweine. Deshalb gibt es ihn auf den Hauptinseln Neuseelands nicht mehr, sondern nur noch auf einigen vorgelagerten Inseln.

Männliche Strauße sind schwarz und weiß, die Weibchen graubraun.

Der Zwergkiwi legt die größten Eier, gemessen an seiner Körpergröße – sie wiegen ein Viertel so viel wie er selber.

◀ Wie tief kann der Kaiserpinguin tauchen?

Während sie an Land ziemlich ungelenk sind, schwimmen Kaiserpinguine vorzüglich, und sie können auf der Jagd nach Fischen 250 m tief tauchen. Sie können auch extrem lange ohne Futter aushalten. In der Antarktis, dem kältesten Gebiet auf der Erde, muss der männliche Kaiserpinguin 3 Monate lang das Ei auf seinen Füßen wärmen, um es vor der Kälte zu schützen.

Der Kaiserpinguin ist der größte Pinguin und ist aufgerichtet 1,2 m hoch – so groß wie ein sechs Jahre altes Kind.

Wo lebt der Emu?

Der Emu ist der zweitgrößte Vogel auf der Erde und lebt in Australien. Emueier sind nach dem Legen dunkelgrün, werden aber nach einigen Tagen glänzend schwarz. Das Weibchen kann 10 Eier legen, die jedes 700 g wiegen – das ist schwerer als eine Pampelmuse. Das Männchen brütet die Eier etwa 8 Wochen lang aus. Die Jungvögel sind braun und weiß gestreift und dadurch sehr gut getarnt.

Wie schnell kann ein Emu rennen? Er kann 50 km/h erreichen.

Der dumpfe Ruf des Emus ist noch in 1,5 km Entfernung zu hören.

Hühnervögel

Hühnervögel sind an das Leben am Boden angepasst. Sie besitzen kurze Beine, einen kurzen Schnabel und ernähren sich vor allem von Pflanzen, Samen und Früchten. Bei vielen Arten fressen die Jungen allerdings vornehmlich Insekten. Meist führen die Hähne eine Balz vor, beteiligen sich aber nicht an der Aufzucht der Jungen. Viele Arten besitzen ein Tarngefieder und sind sehr scheu. Einige werden gern gejagt.

▼ Wann wechselt das Schneehuhn seine Farbe?

Jeweils im Winter und im Sommer. Schneehühner sind im Sommer rotbraun, haben einen hellen Bauch, und das Männchen besitzt einen roten Fleck über dem Auge. Im Spätherbst wandelt sich ihr Sommergefieder in das weiße Tarnkleid für den Winter um. Nur der Schwanz bleibt schwarz. Schneehühner sind rundliche Hühnervögel, die sich von Schösslingen und Blättern ernähren und in europäischen Mooren und Heiden leben.

Was fressen Rebhühner?

Erwachsene Rebhühner fressen Samen, Blätter, Gras und Schösslinge, aber in den ersten Lebenswochen fressen die Jungen Insekten. Deren Proteine sind wichtig für die erste Zeit ihres Wachstums.

Rebhühner nisten am Boden im Schutz einer Hecke oder anderer höherer Pflanzen.

Schneehühner werden häufig gejagt, sie werden aber nicht gezüchtet wie die Fasanen.

Das Rebhuhn besitzt mit 15-19 Eiern das durchschnittlich größte Gelege aller Vögel.

◀ Wann fliegen Wachteln?

Ziemlich selten – sie scheinen ungern zu fliegen, sondern rennen lieber weg. Aufgescheucht fliegen sie in einem flachen Bogen und landen bald wieder. Dennoch können sie ausdauernd fliegen, denn sie leben in Europa und überwintern in Afrika.

Die Schopfwachtel ist am besten beim Zug zu beobachten, wenn sie sich auf Äckern zum Rasten niederlässt.

Aus wie vielen Federn besteht der Pfauenschwanz? Aus etwa 150.

▶ Wo leben Pfauen eigentlich?

Ursprünglich kommt der Pfau aus Indien, wo er in offenen Wäldern lebt und sich von Pflanzen, Insekten, Spinnen, kleinen Eidechsen und manchmal sogar Fröschen ernährt. Er nistet am Boden, aber schläft auf Bäumen. Die Männchen besitzen prächtige lange Schwanzfedern, die sie bei der Balz radförmig aufstellen. Die Weibchen sind unscheinbar grau gefärbt und dadurch beim Brüten bestens getarnt. Pfauen sind mit den Fasanen verwandt, deren Männchen ebenfalls lange Schwänze haben.

Der Pfauenhahn besitzt einen lauten und durchdringenden Ruf und wird zuweilen als „Wachhund“ gehalten.

Wasservögel

Wasservögel verbringen einen großen Teil ihres Lebens über, im oder am Wasser, sei es schwimmend oder jagend. Sie besitzen Schwimmhäute an den Füßen, und viele haben ein wasserfestes Gefieder und spezialisierte Schnäbel. Sie jagen auf unterschiedliche Weise – tauchend, gründelnd oder in Gruppen –, um ihre Fischnahrung zu fangen.

▼ Welche sind die häufigsten Wasservögel?

Wahrscheinlich Enten und Gänse. Die Stockente ist am weitesten verbreitet. Im Winter zeigt der Erpel einen metallisch grünen Kopf, im Sommer wird er braun. Die Weibchen sind immer braun gefärbt und verfertigen ein flaches Nest am Boden oder an etwas erhöhten Stellen für die Eier. Das braune Gefieder ist ein perfektes Tarnkleid für das brütende Weibchen.

Die Stockente kommt auf der ganzen Nordhalbkugel vor und wurde nach Australien und Neuseeland eingeführt.

▼ Wie tief kann ein Weißbrustkormoran tauchen?

Weißbrustkormorane tauchen von der Wasseroberfläche aus und können 30-40 Sekunden lang und 10 m tief tauchen. Das Gefieder der Kormorane speichert keine Luft wie das anderer Vögel, daher können sie schneller tauchen und ihre Beute unter Wasser sogar verfolgen. Ihr Schnabel ist hakenförmig, gut geeignet zum Festhalten von Fischen. Unter Wasser schwimmen sie mit den großen Schwimmhäuten an ihren Füßen.

Der Weißbrustkormoran bewohnt die Küsten Afrikas und jagt verschiedene Fische, Aale und Krebse.

Der Albatros hat die größten Eier aller Seevögel. Das Ei kann 500 g wiegen.

◀ Wo nisten Albatrosse?

Der Wanderalbatros nistet auf kleinen, einsamen Inseln im Südmeer. Er bevorzugt sehr windige Stellen, weil starker Wind ihm das Abfliegen erleichtert. Albatrosse können bei starkem Wind mit ihren langen Schwingen ohne Flügelschlag sehr weit gleiten. Tatsächlich benötigen sie zum Starten und Landen mehr Energie als zum Gleiten. Sie ernähren sich von Fischen und Tintenfischen, wobei sie manchmal sogar ins Wasser eintauchen.

Wie groß ist der Schnabel des australischen Brillenpelikans?

Der Schnabel des australischen Brillenpelikans ist am größten und kann erstaunliche 47 cm lang werden. Das Auffälligste am Pelikanschnabel ist der große Kehlsack. Pelikane jagen in Gruppen und treiben Fische ins flache Wasser, wo sie sie leicht abschöpfen können. Sie sind elegante Flieger, die eine v-förmige Formation einhalten.

Wie viel Wasser geht in den Pelikan-Kehlsack? 15 Liter – mehr als in seinen Magen!

Männchen und Weibchen der Pelikane beteiligen sich am Nestbau. Das Männchen schafft das Nistmaterial heran, und das Weibchen baut das einfache Nest.

Watvögel

Die meisten Watvögel haben verlängerte Zehen, damit sie im Schlamm nicht einsinken. Alle sind langbeinig, und die meisten haben auch einen langen Schnabel. Ist der Schnabel gekrümmt, dann meist nach unten. Alle jagen am Wasser – manche an Felsküsten, andere an Sandstränden, im Schlamm oder in Sümpfen. Je nach Wasserstand finden sich an Stränden oft große Mengen an Watvögeln zusammen.

Warum wechseln Reiher die Farbe?

Im Frühling färben sich bei vielen Reihern Füße und Schnabel auffällig. Die Gesichtshaut kann während der Balzzeit sogar blau werden. Der Farbwechsel zeigt an, dass sie brutbereit sind. Wie alle Reiher jagt auch der Fischreiher vornehmlich Fische, frisst aber auch alles mögliche andere, selbst Ratten und Frösche. Reiher lauern ihrer Beute bewegungslos auf und stoßen dann schnell zu.

▶ Wo findet man Flamingos?

Flamingos kommen auf der ganzen Welt vor, von Südosteuropa bis Südostasien, in Afrika und Mittel- und Südamerika. Sie nisten in großen Brutkolonien und bauen ihre Schlammnester auf niedrigen Inseln. Die Nester sind durch Überflutung gefährdet, aber auch bei niedrigem Wasserstand, wenn Nesträuber sie trockenen Fußes erreichen können. Daher haben Flamingos in manchen Jahren nur wenige Nachkommen, in anderen sehr viele, so dass der Bestand sich wieder ausgleicht.

▼ Warum hat der Brachvogel einen so langen Schnabel?

Der lange, gebogene Schnabel des Brachvogels ist bestens geeignet, im Schlamm nach Würmern, Insekten, Krebsen und Weichtieren zu stochern. Brachvögel leben an Küsten und in Sümpfen und Moorgebieten, suchen aber selbst in Felstümpeln nach Nahrung. Im Winter bilden sie Schwärme, und im Frühjahr ist ihr Ruf einer der auffälligsten – ein schneller werdendes „Rollen" und das charakteristische „wiü-wiü".

Brachvögel nisten in flachen Gruben, die sie mit Gras auskleiden. Ihre Eier sind dunkel und gefleckt und sehen daher aus wie Steine.

Flamingos sind die einzigen „Filtrierer" unter den Vögeln; sie filtern Kleinkrebse aus dem Wasser.

Mit einer Flügelspannweite von bis zu 1,7 m ist der Graureiher der größte europäische Reiher.

Wie viele Säbelschnäbler kann ein Schwarm enthalten? Zehntausende – so viel wie die Bevölkerung einer ganzen Stadt.

Beim männlichen Säbelschnäbler ist die schwarze Schwanzspitze größer als beim Weibchen.

▶ Was ist am Schnabel des Säbelschnäblers besonders?

Der Schnabel des Säbelschnäblers ist aufwärtsgebogen. An günstigen Stellen, etwa an flachen Meeresküsten oder in tiefem Schlamm mit trockneren Stellen darin, können sie große, zerstreute Kolonien bilden, anders als viele Vögel, die gern dicht beieinander sind. Dennoch sind Säbelschnäbler sehr sozial und stören sich nicht einmal beim Fressen. Dabei beugt sich der Säbelschnäbler vor und schwenkt seinen Schnabel seitlich hin und her durchs Wasser, um kleine Krebse und Würmer zu fangen.

Greifvögel

Die meisten Greifvögel, etwa Adler und Habichte, sind vorzügliche Jäger und haben nach vorn gerichtete Augen, mit denen sie ein Kaninchen noch aus mehr als 3 km Entfernung sehen können. Außerdem können sie Entfernungen gut abschätzen. Ihre Hakenschnäbel sind gut zum Zerschneiden von Fleisch geeignet und die kraftvollen Füße mit den scharfen Klauen zum Ergreifen der Beute. Die meisten Greifvögel fliegen schnell und gewandt und verbringen viel Zeit in der Luft.

▼ Wie fliegt der Rotmilan?

Rotmilane sind wegen ihres gegabelten Schwanzes sehr leichte und gewandte Flieger. Beim Flug schlägt der Rotmilan mit den Flügeln und verwindet seinen Schwanz, um Luftströmungen möglichst gut auszunützen. Er kann auch plötzlich stoppen oder wenden. Wie der Steinadler frisst er auch an Aas von Schafen oder Kaninchen, nimmt aber auch Würmer und Insekten.

Der Rotmilan heißt so wegen der roten Farbe seines Gabelschwanzes und des Flügelbugs.

Wanderfalken nisten auf Felsbändern oder in Steinbrüchen, ganz selten aber findet man das Nest sogar auf Fensterbrettern.

◀ Wie jagt der Wanderfalke?

Wanderfalken jagen vor allem andere Vögel von Staren- oder Tauben- bis Hühnergröße. Sie fliegen extrem schnell und sind im Sturzflug wohl schneller als alle anderen Vögel. Dabei falten sie die Flügel und strecken die Krallen aus. Entweder greifen sie die Beute im Flug oder drängen sie zu Boden. Sie greifen Vögel sogar von unten an oder jagen sie in gleicher Höhe fliegend, wobei sie manchmal abenteuerliche Flugkünste zeigen.

▶ Wie groß ist der Steinadler?

Steinadler sind mächtige Greifvögel mit einer Flügelspanne von über 2,2 m und einem Gewicht von fast 7 kg. Trotz ihrer Größe segeln sie sehr elegant. Sie suchen mit ihren scharfen Augen den Himmel nach Vögeln ab und den Boden nach Kaninchen, Hühnern, Hasen und toten Schafen. Junge Steinadler kann man an ihren schwarzen, etwas gesträubten Federn erkennen. Erwachsene haben einen blasseren, gelblichen Kopf und dunkelbraunes Gefieder.

Steinadler können 25 Jahre alt werden. Das Weibchen legt zwischen Februar und Juni 1-3 Eier.

Wie schnell ist der Wanderfalke? Im Sturzflug kann er 185 km/h erreichen!

Der Turmfalke kommt in fast ganz Europa vor.

Welcher Greifvogel ist in Städten am häufigsten?

Turmfalken gehören zu den häufigsten Greifvögeln in Europas Städten und sitzen häufig auf elektrischen Leitungen. Beim Jagen rütteln Turmfalken in der Luft und suchen am Boden nach Feldmäusen, Käfern, Würmern und Vögeln. Beim Rütteln spreizen sie ihren Schwanz und schlagen enorm schnell mit den Flügeln. Den Schwanz benutzen sie bei der Landung auch als „Bremse“.

Papageien

Die meisten Papageien haben einen großen Kopf, kurzen Hals, kurze Füße und häufig auch ein farbenfrohes Gefieder. Das auffälligste Merkmal ist der Schnabel mit seiner breiten Basis und den meißelförmigen Kanten zum Öffnen von Samen. Papageien können mit dem Fuß ihre Nahrung festhalten.

▼ Welche Kakadus bilden große Schwärme?

In Australien können sich Gelbhaubenkakadus zu riesigen Schwärmen von bis zu 2000 Tieren zusammentun, um Gräser, Samen, Weizenkeimlinge, Mais und anderes Getreide zu fressen. Der Schwarm hat immer einige „Wächter", die bei Gefahr durch lautes Kreischen und das Aufrichten ihres gelben Kammes die anderen Vögel warnen. Solche Schwärme können die ganze Ernte vernichten und sind daher bei den Farmern verhasst. Kakadus fressen auch Nüsse, Beeren, Blüten und Insektenlarven. Sie halten ihre Nahrung mit den Füßen fest und beißen oder öffnen sie mit dem kräftigen Schnabel.

Kakadus bilden Paare, die gemeinsam die in Baumhöhlen abgelegten Eier etwa 30 Tage lang bebrüten.

▼ Was ist ein Sittich?

Sittiche sind kleine bis mittelgroße Papageien. Der Ringhalssittich ist im tropischen Afrika und Asien beheimatet und kommt in Wäldern, Mangroven, auf Weiden, in Savannen und manchmal sogar in Parks und Gärten vor. Wie viele Papageien bildet er große Schwärme und kann dann in Farmen schädlich werden. Die Männchen sind an Nacken und Wangen blau, grau oder schwarz gefärbt und haben den rosa Halsring, der ihnen ihren Namen gab.

Ringhalssittiche können mit ihrem Lärm äußerst störend sein.

▶ Wo leben Wellensittiche?

Eigentlich bewohnen Wellensittiche Trockengebiete in Australien. Sie sind Nomaden, die von einem Futterplatz zum nächsten ziehen, dabei aber im Winter nach Norden und im Sommer nach Süden wandern. Sie brüten zu jeder Jahreszeit, nämlich dann, wenn genügend Nahrung vorhanden ist. Sie nisten in kleinen Höhlen in Baumstämmen und benutzen sie manchmal gemeinsam mit anderen Paaren.

Wildlebende Wellensittiche sind normalerweise grün oder gelblich, aber nicht blau.

Wie alt sind die Papageien? Die ältesten Fossilien papageienartiger Vögel sind 40 Mio. Jahre alt.

Aras sind die größten Papageien, und der Gelbflügelara ist der häufigste. Trotzdem ist er gefährdet.

Weshalb fressen Papageien Erde und Ton?

Gelbflügelaras versammeln sich wie viele andere Papageien an Flussufern in Mittel- und Südamerika, um Ton zu fressen. Es scheint, dass die Vögel mit dem Ton wichtige Mineralien aufnehmen oder dass er dazu dient, Giftstoffe aus Futterpflanzen zu neutralisieren. Bei einigen australischen Papageien wurde sogar Holzkohle im Magen gefunden.

Nachtvögel

Zu den Nachtvögeln gehören zum Beispiel Eulen, Ziegenmelker und Froschmäuler. Alle jagen nachts, und alle haben ein sehr weiches Gefieder, womit sie fast geräuschlos fliegen können. Eulen besitzen einen runden „Gesichtsschleier“ aus kurzen, steifen Federn und große, nach vorn gerichtete Augen. Daher sehen sie vorzüglich und können Entfernungen abschätzen. Bei den Ziegenmelkern und Froschmäulern sitzen die Augen seitlich am Kopf.

▼ Kommen Eulen nur nachts heraus?

Normalerweise jagen Eulen nachts, aber unter bestimmten Voraussetzungen ändern sie ihr Verhalten. Im Winter kann man Schleiereulen auch tags beobachten, und auch im Sommer jagen sie noch am Tag, vor allem wenn sie Junge aufziehen. Schleiereulen nisten in hohlen Bäumen oder in Gebäuden und legen im Mai oder Juni 4-7 Eier. Sie leben in Europa, sind aber nicht häufig, und fressen Haus- und Feldmäuse, Ratten und gelegentlich auch kleine Vögel.

Schleiereule und Waldkauz bilden lebenslange Paare.

Die Flügelspannweite der Schleiereule kann 1 m betragen.

Welche Eule ruft in der Nacht?

Der Waldkauz stößt die bekannten hupenden Rufe aus, aber er kann auch kläffende Geräusche machen, die häufiger zu hören sind. Er bewohnt Wälder und nistet in Höhlen in Bäumen oder Häusern, benutzt aber auch Krähen- oder Elsternester. Er trägt seine Beute im Schnabel, anders als die Greifvögel, die sie in den Krallen tragen.

▶ Wo nisten Ziegenmelker?

Sie nisten am Boden und kratzen eine Grube aus, in der sie sitzen. Sie fangen Insekten im Flug und benutzen dazu ihren großen, weit offenen Schnabel. Ziegenmelker jagen nachts oder in der Dämmerung, dann kann man auch ihren eigenartigen schnurrenden Ruf hören. Sie haben ein Tarngefieder, das wie Rinde oder abgefallene Blätter aussieht, daher sind sie kaum zu erkennen.

Der Ziegenmelker ist ein einzeln lebender Vogel.

Wie lange leben Waldkäuze? Bis zu 10 Jahren.

Froschmäuler bilden lebenslange Paare und benutzen jedes Jahr das gleiche Nest. Bei Bedarf reparieren sie es.

◀ Was ist ein Froschmaul?

Froschmäuler sind mit dem Ziegenmelker verwandt. Sie bewohnen mehr oder weniger dichte Wälder und verbringen den Tag in einem Baum sitzend, wo sie hervorragend getarnt sind. Nachts lauern sie auf eine Beute, die ihnen zu nahe kommt, und schnappen sie mit ihrem riesigen Schnabel. Sie fressen vor allem Insekten, aber auch Eidechsen, Frösche und Mäuse.

Segler und Kolibris

Segler und die mit ihnen verwandten Kolibris sind äußerst gewandte Flieger. Die Segler sind eigentlich ständig in der Luft, wo sie fressen, trinken und sogar schlafen, ohne dafür landen zu müssen. Der schlanke Körper und die langen, steifen Flügel sind ideal für ausdauerndes Fliegen. Kolibris haben das Rütteln an Blüten perfektioniert, aus denen sie Nektar trinken. Segler und Kolibris können sehr weit wandern, manchmal mehrere tausend Kilometer weit.

▼ Wie rütteln Kolibris?

Alle Kolibris können ihre Flügel in Form einer 8 verbiegen. Das erlaubt ihnen nicht nur, zu rütteln, sondern auch vorwärts und rückwärts zu fliegen. Sie können auch nach oben, unten, zur Seite und sogar kurze Strecken kopfüber fliegen. Die Bienenelfe bewohnt Wälder in Bolivien und Zentral- und Ostbrasilien. Sie ernährt sich von Nektar blühender Büsche und Bäume, aber auch von Insekten.

Kolibris haben den schnellsten Flügelschlag aller Vögel. Sie fliegen mit 90 Schlägen in der Sekunde, das sind über 5000 in der Minute!

Welcher ist der kleinste Vogel?

Kolibris sind die kleinsten Vögel, und von ihnen ist die Bienenelfe wiederum die kleinste Art. Sie lebt in küstennahen Wäldern und an Waldrändern in Kuba, aber auch in Gebirgstälern, Sümpfen und Gärten. Sie ernährt sich vor allem von Nektar, dazu von sehr kleinen Insekten. Früher war sie in Kuba häufig, doch heute ist sie wie so viele andere Arten selten: eine Folge der Zerstörung und Veränderung ihrer Umwelt.

Wie paaren sich Stachelschwanzsegler?

Über die Paarung des Stachelschwanzseglers ist nur wenig bekannt. Wahrscheinlich findet sie im Flug statt, und die Balz besteht aus einer Reihe senkrechter Flüge. Diese Segler legen ihre Eier auf eine Plattform aus Zweigen in einer Baumhöhle oder einer Spalte hoch oben in großen Nadelbäumen.

Welcher Vogel ist nur so groß wie eine Nuss? Die Bienenelfe, die nur 6 cm lang wird.

Nach dem Verlassen des Nestes fliegen die jungen Mauersegler bis vier Jahre lang ständig, bevor sie selber brüten.

▼ Wo nisten Mauersegler?

Mauersegler nisten an Felsen und in Bäumen, aber viele haben auch Gebäude als gute Nistplätze entdeckt. Sie kommen im Spätfrühling in Europa an und ziehen im Frühherbst wieder nach Afrika. Sie segeln in Scharen sehr hoch oben am Himmel. Das Nest ist in einer Höhle gelegen, oft in Öffnungen in Dächern, und mit Federn ausgekleidet, die die Segler im Flug erhaschen und mit Speichel verkleben. Im Mai oder Juni legen Mauersegler drei Eier.

Tukane und Hornschnäbel

Es gibt mehr als 50 Arten von Hornschnäbeln. Sie heißen so wegen ihrer langen, gekrümmten Schnäbel, die oft noch einen harten, glatten Aufsatz tragen. Hornschnäbel kommen von Afrika über Indien und Südostasien bis nach Neuguinea vor. In Amerika nehmen die etwa 40 Arten von Tukanen ihre Nische ein. Sie haben ebenfalls große Schnäbel, die sind aber sehr bunt und tragen keinen Aufsatz.

▼ Wie fliegen Tukane?

Tukane fliegen wellenförmig mit kurzen, kräftigen Flügelschlägen und darauf folgendem Gleitflug. Sie fliegen meist nicht weit und hüpfen lieber von Ast zu Ast. Der Smaragdtukan lebt in Gebirgswäldern und Baumsavannen in Südamerika.

Wie alle Tukane leben die Smaragdtukane paarweise oder in kleinen Gruppen.

Der Regenbogentukan bewohnt Regenwälder von Mexiko bis Venezuela und Kolumbien.

Weshalb sind die Schnäbel der Tukane so bunt?

Das wissen wir nicht! Es könnte zur Arterkennung dienen, weil alle unterschiedlich gefärbt sind. Der Schnabel des Regenbogentukans ist einer der buntesten und ist braun, grün, blau, orange und gelb gefleckt. Tukanschnäbel bestehen aus Horn – dem gleichen Stoff, aus dem Fingernägel und Haare bestehen –, daher sind sie zugleich leicht und fest.

Kann der Rhinozerosvogel lachen?

Es klingt wirklich so – sein Ruf klingt wie ein hysterisches Lachen. Der Rhinozerosvogel kommt in Malaysia, Borneo und Sumatra vor. Mit seinem Schnabel reißt er die Rinde von verrottenden Stämmen ab, um an die darunter lebenden Insekten und Kleintiere zu gelangen. Doch die Hauptnahrung sind Feigen und Früchte. Die Männchen kämpfen um ihre Territorien. Sie fliegen geradewegs aufeinander zu und rammen sich.

Der Rhinozerosvogel lebt auf der malaiischen Halbinsel und auf Borneo und Sumatra.

Wie alt kann der Indische Hornrabe werden? Hornraben sind sehr langlebige Vögel; manche werden 30 - 40 Jahre alt.

▶ Wie brütet der Große Indische Hornrabe?

Er nistel in einem hohlen Baum, wo seine Jungen sicher vor Räubern sind. Wenn das Weibchen im Nest sitzt, verschließt das Männchen die Öffnung mit Schlamm. Das Weibchen brütet in der Höhle die Eier aus, sicher vor Feinden, während das Männchen es durch ein kleines Loch füttert. Wenn die Jungen nach drei Monaten groß genug sind, um das Nest zu verlassen, bricht das Weibchen den Verschluss auf und kommt heraus.

Die Paare des Großen Indischen Hornraben bleiben ihr Leben lang zusammen und ziehen jedes Jahr 1-2 Junge auf.

Sperlingsvögel

Sperlingsvögel bilden die größte Vogelordnung, die „Passeriformes“, die mehr als die Hälfte aller Vogelarten enthält. Die meisten Arten besitzen lange, dünne Zehen, mit denen sie sich gut an Zweigen festhalten können. Die meisten Sperlingsvögel investieren viel Zeit und Energie in die Aufzucht ihrer nach dem Schlüpfen meistens blinden und hilflosen Jungen.

▼ Was ist eine Mehlschwalbe?

Mehlschwalben verbringen sehr viel Zeit damit, im Flug Insekten zu fangen. Ihre Füße sind sehr klein, aber noch kräftig genug, um sich damit auf Zweigen festzuhalten. Mehlschwalben bauen die bekannten aus Lehm und Speichel bestehenden Schwalbennester unter dem Dach von Häusern. In manchen Teilen Europas nisten sie auch noch an Felsen. Den Winter verbringen sie wie viele europäische Vögel in Afrika.

Das kleine, offene Nest der Mehlschwalbe kann vier oder fünf Jungvögel enthalten.

Was für ein Vogel ist das Rotkehlchen?

Das Rotkehlchen gehört zur Untergruppe der Drosselvögel. Es sind meist kräftige Vögel mit einem großen Kopf, großen Augen und einem kurzen, kräftigen Schnabel. Rotkehlchen besiedeln offene Wälder in ganz Europa und folgen gern größeren Tieren, wenn diese den Waldboden durchwühlen. Die Rotkehlchen picken dann die aufgedeckten Würmer und Insekten auf.

Rotkehlchen errichten überdachte Nester aus Gräsern und Blättern in Hecken, Büschen oder Efeu. Sie kleiden das Nest mit Moos und Haaren aus.

▶ Was ist ein Ofenvogel?

Ofenvögel leben in Mittel- und Südamerika und heißen so nach der Art, wie sie ihr Nest bauen. Sie sammeln Lehm, Stroh oder Dung, mischen das mit Speichel und bauen daraus ein Nest in Bäumen oder an Telegrafenmasten. Das Nest sieht aus wie eine Art Ofen, wie er in Südamerika errichtet wird. Die Nester haben zwei Kammern – eine geschlossene als Wohnung und zum Schutz der Jungen, die durch einen spiralförmigen Gang mit dem Eingang des Nestes verbunden ist. Der Eingang ist meist dem Wind abgewandt.

Der Ofenvogel ist der Nationalvogel von Argentinien.

Wie viele Zecken frisst ein Madenhacker täglich? Er kann täglich bis zu 100 Zecken absammeln.

▶ Warum sitzen Madenhacker auf Rindern?

Madenhacker sind für große Säugetiere äußerst nützlich, weil sie Zecken und andere Parasiten von der Haut oder dem Pelz absammeln. Sie entfernen außerdem Hautflüssigkeiten – manchmal sogar Ohrenschmalz oder Schleim – und säubern Wundränder. Madenhacker haben kurze Beine mit spitzen Krallen, womit sie sich am Pelz oder auf den Tieren festhalten können, selbst wenn die sich bewegen. Madenhacker sind gesellige Tiere, die in Gruppen leben und nachts zu gemeinsamen Schlafplätzen zurückkommen.

Madenhacker kleiden ihre Nester mit Tierhaaren aus. Sie liegen in Baumhöhlen und enthalten zwei bis drei Eier.

Singvögel

In gewisser Weise sind alle Vögel Singvögel. Alle Vögel machen aus verschiedensten Gründen irgendwelche Geräusche. Es können einfache „Rufe“ wie beim Kuckuck oder der Taube sein, Vögel, die mit den Sperlingsvögeln nah verwandt sind, oder die komplizierten Gesänge der Laubsänger. Diese Gesänge werden durch die „Syrinx“ hervorgerufen, ein Resonanzorgan in der Kehle ähnlich unserem Kehlkopf. Allerdings hat die Syrinx zwei Luftkanäle, so dass gleichzeitig zwei verschiedene Töne ausgestoßen werden können. Höhe und Lautstärke des Gesanges werden durch die Halsmuskulatur gesteuert.

Der Gesang der Nachtigall gilt als einer der schönsten und hat viele Dichter inspiriert.

▼ Wo kommen Kanarienvögel vor?

Kanarienvögel sind Finken mit einem besonders schönen Gesang. Ursprünglich stammen sie von den Azoren, Madeira und den Kanarischen Inseln, sind aber inzwischen überall auf der Welt häufig gehaltene Haustiere. Kanarienvögel brüten in Bäumen und Büschen. Wildtiere sind braun und grau gestreift, nicht einfarbig gelb wie die in Gefangenschaft. Kanarienvögel wurden schon um 1600 in Klöstern gehalten, allerdings zunächst nur Männchen wegen ihres Gesanges.

Der Kanarienvogel kann beim Singen 30-mal in der Sekunde Luft holen, um seinen Luftvorrat aufzufüllen.

◀ Singen Nachtigallen nachts?

Normalerweise hört man Nachtigallen zwischen April und August in der Morgen- und Abenddämmerung, und nur gelegentlich singen sie tagsüber. Tief in der Nacht singen sie meistens nicht. Nachtigallen leben versteckt in dichtem Gebüsch und in bodennaher Vegetation, wo sie nach Würmern, Insektenlarven, Käfern und Beeren suchen.

▶ Wie viele Arten von Sängern gibt es?

Ungefähr 400 Arten werden zur Gruppe der Sänger gezählt, und die meisten sind Zugvögel. Ihre Ankunft in Europa fällt mit dem Zuwachs an Insekten im Frühjahr zusammen, damit genügend Nahrung für die Jungen vorhanden ist. Sänger haben spitze Schnäbel zum Aufpicken von Raupen, Insekten, Spinnen und Blattläusen von Rinde und Blättern und zum Abzupfen von Beeren. Das Weibchen des Sumpfrohrsängers legt sechs kleine, gesprenkelte Eier in ein Nest, das an hohen Sumpfgräsern hängt.

Der Sumpfrohrsänger ist der Vogel mit den meisten Gesängen; er hat 84 verschiedene Strophen, darunter auch imitierende.

Wann singen die meisten Vögel? In der Morgendämmerung – weshalb, ist noch nicht geklärt.

Wie klingt der Gesang des Rotaugenvireos?

Der Gesang des Rotaugenvireos klingt wie eine endlose Wiederholung der gleichen Frage und der gleichen Antwort. Vireos gleichen den Sängern, haben aber einen dickeren Schnabel. Sie kommen in Nordamerika vor, wo sie manchmal von einem anderen Vogel, dem Kuhstärling, parasitiert werden. Dieser Nestparasit legt seine Eier in die Nester anderer Vögel, die seine Jungen dann wie ihre eigenen aufziehen.

Der Rotaugenvireo wiederholt den gleichen Gesang mehrere Tausend Mal am Tag.

Webervögel und Baumläufer

Webervögel errichten sehr komplizierte Nester. Sie besitzen einen runden, konischen Schnabel und fressen Samen. Die meisten kommen in Afrika vor, einige aber auch im tropischen Asien und Australien. Baumläufer sind kleine Wald- oder Gebirgsvögel mit einem dünnen, nach unten gebogenen Schnabel. Sie nisten in einfachen Höhlungen in der Nähe ihres Futterplatzes. Alle klettern bei der Nahrungssuche an Bäumen oder Felsen herum.

Mauerläufer bauen ziemlich schäbige Nester, meist in tiefen Felsspalten.

Wie viele Blutschnabelweber gibt es? Nach Schätzungen beträgt ihre Zahl mehr als 1,5 Milliarden.

▲ Warum klettern Mauerläufer an Mauern?

Der natürliche Lebensraum des Mauerläufers sind Felsen im Gebirge und in Schluchten. Manchmal kommt er im Winter aus seiner Gebirgsheimat und kann dann an Hausmauern kletternd beobachtet werden. Mauerläufer haben lange Krallen, um sich an den Felsen festhalten zu können, und einen langen, dünnen, etwas nach unten gebogenen Schnabel, mit dem sie in Spalten nach Spinnen und Insekten stochern.

Wie viele Blutschnabelweber enthält ein Schwarm?

Blutschnabelweber bilden so große Schwärme, dass es unmöglich ist, sie zu zählen. Größere Schwärme brauchen 10 Minuten, um vorbeizuziehen. Sie leben in Afrika, wo sie enorme Schäden an der Ernte anrichten können. Wie alle Webervögel webt das Männchen das Nest aus Pflanzenteilen zusammen, und das Weibchen untersucht es genau, bevor es einzieht.

Blutschnabelweber ruhen tagsüber und rotten sich in der Dämmerung auf der Futtersuche zu riesigen Scharen zusammen.

▶ Wie suchen Baumläufer ihre Nahrung?

Baumläufer verbringen ihr Leben an Baumstämmen kletternd und die Rinde nach Futter absuchend. Dabei laufen sie in einer Spirale am Baum empor und untersuchen jede Spalte mit dem Schnabel. Hat einer einen Baum abgesucht, wechselt er zum nächsten und beginnt dort von neuem. Baumläufer können sich mit ihren kräftigen Füßen so gut festkrallen, dass sie kopfüber hängen.

Baumläufer legen ihr Nest hinter loser Rinde oder im Efeugebüsch an.

◀ Wie sozial sind Siedelweber?

Siedelweber sind sicher die geselligsten Vögel der Welt. Sie bauen nicht nur für sich selber Nester, sondern ganze Gruppen arbeiten zusammen und errichten ein riesiges Nest für die ganze Kolonie. Häufig teilen sie ihr Nest sogar mit anderen Vogelarten, die ihnen helfen, Wache zu halten. Ein Nest kann Hunderte Tiere enthalten, und manche wurden mehr als 100 Jahre lang benutzt. Jedes Nest hat seine eigene Eingangsröhre, die zu einer eigenen Nistkammer führt.

Siedelweber sind hervorragende Baumeister. Als Dach benutzen sie große Äste, und die Kammern weben sie aus trockenem Gras.

Die Balz der Vögel

Auf der Suche nach einem Partner balzen Vögel in sehr unterschiedlicher Weise. Bei manchen ist die Balz sehr einfach – Möwen beispielsweise nicken nur mit dem Kopf. Oft ist sie aber viel komplizierter. Manche Vögel benutzen besondere Körperteile bei der Balz, farbige Beine etwa oder spezielle Federn. Andere führen eigenartige Tänze auf oder singen, um ein Weibchen zu betören. Viele Arten kombinieren verschiedene Verhaltensweisen.

▶ Warum tanzen Kraniche?

Der Tanz des europäischen Kranichs ist kompliziert und wird von beiden Geschlechtern ausgeführt. Zur Brutzeit kommen Kraniche zur Gruppenbalz zusammen. Ihr Trompeten ist 1,5 km weit zu hören, wenn Männchen und Weibchen eine Serie von grazilen, rhythmischen Sprüngen ausführen, dabei die Flügel heben und sich verbeugen. Es sieht wirklich wie ein höfischer Tanz aus. Die Balz soll die Kraft und Energie der Tiere beweisen. Kranichrufe sind tief und hallend und klingen wie Trompetenstöße.

Warum blähen sich Fregattvögel auf?

Um ein Weibchen anzulocken, setzt sich der männliche Fregattvogel auf einen Busch oder an den Boden und bläht seinen großen, roten Kehlsack wie einen Ballon auf. Er kann das stundenlang durchhalten. Gefällt das einem Weibchen, paart sie sich mit ihm und baut ein Nest auf einem Busch oder Baum.

Fregattvögel besitzen eine sehr große Flügelspannweite im Verhältnis zum Körper. Das macht sie zu hervorragenden Gleitfliegern, auch über große Entfernungen.

Kraniche sind große Vögel mit langen Schreitbeinen. Sie werden oft mit Reihern verwechselt, haben aber einen kleineren Schnabel und dickeren Hals.

Wo kommen Leierschwänze vor?
Sie leben in Wäldern an der Ostküste Australiens.

▶ Was ist am Großen Leierschwanz besonders?

Der Große Leierschwanz benutzt verschiedene Techniken, um das Weibchen zu beeindrucken. Ähnlich wie die Paradiesvögel errichtet er eine Balzplattform mit einem Erdhügel, von dem aus er nach Weibchen ruft. Erscheint eins, spreizt er seine langen Schwanzfedern zu einer „Leier" und stößt eine Reihe verschiedener Rufe aus. Der Leierschwanz ist ein begabter Imitator und kann sowohl Gesänge anderer Vögel wie Motorengeräusche nachahmen.

Männliche Leierschwänze rufen, um ihr Territorium gegen Rivalen zu verteidigen.

Säugetiere

Säugetiere kommen in jedem Lebensraum auf der Erde vor, mit Ausnahme des antarktischen Festlandes. Sie sind warmblütig, das heißt, dass ihre Körpertemperatur nicht von der Umgebungstemperatur abhängt, sondern dass sie sie selber regulieren können. Die meisten Säugetiere sind behaart oder tragen einen Pelz. Alle säugen ihre Jungen mit Milch und gebären lebende Junge, mit Ausnahme der eierlegenden Ameisenigel und Schnabeltiere in Australien und Neuguinea.

Säugetiere bewohnen die unterschiedlichsten Lebensräume. Manche schwimmen im Meer, andere graben in der Erde, doch die meisten besiedeln alle möglichen Nischen auf dem Land. Viele Säugetiere sind tagaktiv, manche aber auch nachtaktiv. Fledermäuse verbringen den Tag kopfunter in Bäumen hängend und fliegen nachts auf der Suche nach Insekten oder Früchten herum.

Alle Säugetiere atmen Luft mit Lungen. Selbst Wale und Delfine, die nicht außerhalb des Wassers leben können, müssen in regelmäßigen Abständen zur Wasseroberfläche kommen, um durch das Blasloch an der Oberseite des Kopfes Luft zu atmen.

Schnabeltier und Ameisenigel

Es gibt etwa 4000 Arten von Säugetieren, aber nur drei davon legen Eier. Es sind das Schnabeltier und der Kurzschnabeligel aus Australien, und der Langschnabeligel aus Neuguinea. Sie gehören zu einer Gruppe, die als „Monotremen" bezeichnet werden. Die Monotremen haben sich wohl seit vielen Millionen Jahren kaum verändert und können schon zur Zeit der Dinosaurier existiert haben.

▼ Wie sieht das Schnabeltier aus?

Das Schnabeltier ist ein eigenartiges Geschöpf. Es hat einen platten Schwanz wie ein Biber, Füße mit Schwimmhäuten, einen Entenschnabel und einen Pelz wie ein Fischotter. Es legt Eier wie ein Reptil, ernährt aber seine Jungen mit Milch wie die anderen Säugetiere.

Das Weibchen besitzt keine Zitzen wie andere Säugetiere, sondern kleine Milchdrüsen auf dem Bauch, die Milch abgeben. Die Jungen lecken die Milch etwa 4 Monate lang mit ihrem Schnabel auf, bis sie selbstständig sind.

▼ Wo legt das Schnabeltier seine Eier?

Das Weibchen gräbt einen langen Tunnel am Ufer, polstert die Kammer am Ende mit Gras aus und legt dorthin die Eier. In regelmäßigen Abständen verschließt das Weibchen die Röhre mit Lehm, um Wasser abzuhalten, sich und die Jungen warm zu halten und als Schutz gegen Eindringlinge.

Das Weibchen legt zwei bis drei sehr kleine Eier, die kaum größer als Murmeln sind. Sie sind weich und haben eine ledrige Haut. Die Jungen schlüpfen nach etwa 10 Tagen und bleiben die ersten vier Monate bei ihrer Mutter im Bau.

Das Schnabeltier frisst verschiedene Süßwasserorganismen, Krebse, Garnelen, Würmer, Fische und Frösche.

Schnabeltiere sind ziemlich ungesellig. Die Erwachsenen ziehen es vor, ein eigenes Territorium zu besetzen.

Wo lebt der Kurzschnabeligel?

Er ist weiter verbreitet als der verwandte Langschnabeligel. Er bewohnt große Teile Australiens, Tasmanien und Neuguinea. Er ist recht anpassungsfähig und besiedelt sehr unterschiedliche Lebensräume, darunter Wälder, Wiesen, Wüsten und Gebirge.

Das Weibchen des Kurzschnabeligels legt ein einziges Ei, das sie in ihrem Beutel etwa 11 Tage lang ausbrütet. Nach dem Schlüpfen bleibt das Jungtier noch 7 Wochen im Beutel, bis die Stacheln zu wachsen beginnen. Danach versteckt die Mutter das Junge in einer Grube oder Höhlung und kommt immer wieder zurück, um es zu füttern.

Ameisenigel rollen sich zur Abwehr von Feinden zu einer Stachelkugel zusammen oder klemmen sich in einer Spalte ein, so dass sie kaum angreifbar sind.

Wie groß ist das Schnabeltier?

Es wird etwa 60 cm lang – so groß wie ein kleiner Hund.

▶ Besitzen Langschnabeligel Zähne?

Der „Schnabel“ des Langschnabeligels macht etwa zwei Drittel der Kopflänge aus und ist völlig zahnlos. Stattdessen hat der Ameisenigel eine sehr lange Zunge mit mehreren Reihen stumpfer Zähne darauf.

Langschnabeligel fressen Regenwürmer und kleine Insekten. Sie ringeln ihre lange Zunge um den Wurm herum, greifen ihn so und ziehen ihn in den Schnabel.

Ameisenigel fressen Insekten, vor allem Ameisen und Termiten. Wie die Ameisenbären haben sie eine lange, klebrige Zunge, mit der sie flinke Beutetiere greifen und festhalten können.

Beuteldachse, Wombats und Beutelmarder

Beuteltiere sind Säugetiere mit einem Beutel am Bauch, in dem sie ihre Jungen tragen. Im Beutel ist das Jungtier sicher und kann Milch von der Mutter trinken. Beuteltiere sind eine sehr alte Säugetiergruppe, die schon vor 100 Millionen Jahren die ganze Erde besiedelte. Heute kommen die meisten Arten nur noch in Australien vor, wo sie keine Konkurrenz seitens größerer und erfolgreicherer Säugetiere fürchten müssen.

▼ Was ist ein Beutelmarder?

Ein Beutelmarder oder Quoll ist ein katzengroßes Beuteltier in Australien, Tasmanien und Neuguinea. Alle Arten haben einen getüpfelten Pelz. Alle sind Räuber, die vor allem Mäuse, kleine Echsen und Schlangen jagen.

Bei der Geburt ist das Jungtier nicht größer als ein Reiskorn. Meist besteht der Wurf aus 10 Jungtieren, aber nur die sechs stärksten überleben in der Regel, weil die Mutter nur sechs Zitzen im Beutel hat. Die jungen Beutelmarder bleiben mehrere Monate lang im Beutel.

▼ Wie sieht ein Beuteldachs aus?

Beuteldachse oder Bandicoots sind mittelgroße Beuteltiere, die Australien und Neuguinea bewohnen. Ihre Hinterbeine sind verlängert, daher hoppeln sie. Die großen Ohren und ihr vorzügliches Gehör brauchen sie bei der nächtlichen Futtersuche und um Feinde zu hören.

Der Langnasenbeuteldachs sucht mit seinem Rüssel nach Futter. Mit den Vorderfüßen gräbt er im Boden und schnüffelt dann nach Insekten oder zieht Wurzeln heraus.

Langnasenbeuteldachse werden nach nur 12 Tagen Trächtigkeit geboren. Zwei Monate lang wachsen sie danach im Beutel der Mutter heran und ernähren sich von ihrer Milch.

Beutelmarder sind heutzutage gefährdet, weil die moderne Landwirtschaft ihre Lebensräume zerstört.

Wombatzähne gleichen denen der Nagetiere – sie wachsen ständig und werden vorn beim Kauen von Pflanzen abgenutzt.

▶ Welche Beuteltiere kommen in Amerika vor?

Die einzigen Beuteltiere in Nord- und Südamerika sind die Opossums – alle anderen Beuteltiere leben in Australien und Neuguinea. Nur einige Opossumarten besitzen einen Beutel, andere nicht. Die meisten bewohnen Wälder und klettern auf der Jagd nach Insekten auf Bäume. Beim Klettern windet das Opossum seinen langen, haarlosen Schwanz um einen Ast, um sich festzuhalten.

Das Nordamerikanische Opossum verteidigt sich auf eigenartige Weise. Bei Gefahr bleibt es regungslos und wie tot liegen. Dadurch verliert der Angreifer das Interesse, und das Opossum kann entkommen.

Die meisten Opossumarten sind etwa 1 Meter lang und besitzen einen sehr langen, rattenartigen Schwanz.

Wie viele Beuteltierarten gibt es? 272 Arten weltweit, von denen etwa 200 in Australien vorkommen.

Wo leben Wombats?

Wombats sind grabende Beuteltiere, die in Australien vorkommen. Diese großen, schwanzlosen Tiere messen bis 1,2 Meter, das ist so groß wie ein Schwein. Wombats sind die größten grabenden Tiere auf der Erde. Der Haarnasenwombat gräbt mit seinen kräftigen Beinen und scharfen Krallen ein kompliziertes System von langen Tunneln. Normalerweise bewohnt er seine Höhle allein. Wombats kommen nachts heraus, um Gräser, Wurzeln und Pilze zu äsen.

Kängurus und Koalas

Einige der interessantesten Säugetiere leben in Australien, wo weit mehr als die Hälfte Beuteltiere sind. Rote Riesenkängurus gehören zu den schnellsten Landtieren. Ihre kleineren Verwandten, die Wallabys, sind gleichfalls in den Grasländern Australiens weit verbreitet. Weitere einzigartige australische Beuteltiere sind der schläfrige blätterfressende Koala und der wilde, lärmende Beutelteufel.

▼ Wie weit können Kängurus springen?

Das Rote Riesenkänguru ist unübertroffen im Springen. Männchen können mit einem einzigen Satz mehr als 10 Meter weit springen. Der lange Schwanz hält dabei das Gleichgewicht, während sie mit den kraftvollen Hinterbeinen hüpfen.

Junge Kängurus, die „Joeys", sind bei der Geburt nur 2 cm groß. Nach der Geburt kriechen sie in den Beutel der Mutter und saugen sich an einer Zitze fest. Jungtiere suchen auch noch später Zuflucht im Beutel, wenn Gefahr droht.

Kängurus bewohnen die Grassteppen Australiens. Tagsüber ruhen sie, in der Dämmerung und nachts, wenn es kühler geworden ist, äsen sie Pflanzen.

Leben alle Kängurus am Boden? Nein, die Baumkängurus leben im Regenwald hoch oben auf den Ästen von Bäumen.

Das Bennettswallaby war eines der ersten Beuteltiere, die die ersten europäischen Siedler erblickten, als sie 1788 in Sydney Cove an Land gingen.

◀ Sind Wallabys und Kängurus verwandt?

Wallabys sind die kleineren Mitglieder der Kängurufamilie. Sie besitzen ebensolche kräftige Hinterbeine und bewegen sich hüpfend in der Steppe. Beim langsamen Laufen lassen sie sich auf die Vorderbeine herab. Alle Wallabys und Kängurus beginnen ihr Leben im mütterlichen Beutel.

Das Bennettswallaby bewohnt offene Wälder und buschreiches Gelände, kommt aber nicht in reinen Grasländern vor. In den küstennahen Wäldern Ost- und Südostaustraliens ist es recht häufig.

▶ Ist der Koala ein Bär?

Nein, er ist in Wirklichkeit ein Beuteltier. Wie die anderen Beuteltiere trägt er seine winzigen Jungen im Beutel. Nach dem Verlassen des Beutels reitet das Jungtier auf dem Rücken der Mutter, wenn diese in Bäumen herumklettert.

Koalas ernähren sich nur von den Blättern und der Rinde von Eukalyptusbäumen. Ihr ganzes Leben verbringen sie fressend und schlafend in den Bäumen und kommen nur an den Boden herunter, um eine andere Baumgruppe aufzusuchen.

Koalas schlafen 18 Stunden täglich und beginnen zu fressen, sobald sie aufwachen.

Wie laut ist der Beutelteufel?

Der tasmanische Beutelteufel ist für sein schauerliches Geschrei berühmt, das er macht, wenn er mit anderen Artgenossen an einem Kadaver zusammenkommt, einem toten Wombat oder Wallaby beispielsweise. Er frisst nachts und findet seine Nahrung mit seinen guten Augen und der feinen Nase.

Der Beutelteufel lebte früher auch in ganz Australien, kommt heute aber nur noch auf der Insel Tasmanien südlich von Australien vor. Dort ist er der größte Räuber.

Faultiere, Ameisenbären und Gürteltiere

Faultiere gehören zur gleichen Ordnung wie Ameisenbären und Gürteltiere, weil sie alle keine Zähne besitzen. Faultiere fressen Laub und Früchte in den südamerikanischen Regenwäldern. Die Ameisenbären in Mittel- und Südamerika ernähren sich von Insekten, vor allem von Ameisen und Termiten. Bei den Gürteltieren ist der Körper durch einen Panzer aus knöchernen Platten geschützt.

▼ Welche Gürteltierart ist die häufigste?

Das Neunbindengürteltier, das in ganz Amerika vorkommt, ist am häufigsten. Trotz seines Namens hat es zwischen 7 und 11 Plattenringe, dazu noch 12 bis 15 Ringe um den Schwanz. Auf der Flucht kann es schneller als ein Hund rennen. Neunbindengürteltiere graben Höhlen, in denen sie den Tag verbringen. Ihre Höhle teilen sie oft mit anderen Gürteltieren des gleichen Geschlechtes, aber auch mit Kaninchen und Stinktieren.

▼ Wie lang ist die Zunge des Großen Ameisenbären?

Sie ist erstaunliche 60 cm lang – ungefähr 10-mal so lang wie deine Zunge! Sie ist mit kleinen, rückwärts gerichteten Zähnchen bedeckt. Der Speichel des Ameisenbären macht die Zähnchen klebrig, und so kann er damit sehr gut Insekten auftupfen.

Der Große Ameisenbär lebt nicht in Bäumen wie seine kleineren Verwandten, sondern am Boden in Wäldern und Savannen Mittel- und Südamerikas, und er ist tagaktiv.

Der Große Ameisenbär geht auf seinen Fußknöcheln, so bleiben die großen, zum Graben dienenden Krallen scharf.

Manche Gürteltiere rollen sich bei Gefahr zusammen, andere verteidigen sich mit den scharfen Krallen der Vorderbeine oder ziehen sich einfach in ihren Bau zurück.

Faultiere geben nur sehr selten Kot ab, was angesichts ihrer langsamen Fortbewegung gut ist. Etwa einmal jede Woche kommen sie dazu an den Boden herab. Auf dem Erdboden kommen Faultiere nur etwa 2 Meter pro Minute voran. Eine Schildkröte ist doppelt so schnell.

Wo lebt das Riesengürteltier?

Riesengürteltiere bewohnen das Amazonasbecken in Südamerika und kommen in den verschiedensten Lebensräumen vor, von der Steppe bis zum Regenwald. Sie sind Einzelgänger, die nur zur Paarung zusammenkommen. Sie sind die größten Gürteltiere, werden fast 1 Meter lang und wiegen bis 26 kg – das ist so groß wie ein Labradorhund. Die Nahrung dieses Riesen besteht fast ausschließlich aus Ameisen und Termiten, daher muss er große Mengen davon vertilgen.

Das Riesengürteltier kann sich auf die Hinterbeine aufrichten, um an hohe Termitenbauten zu gelangen. Auch Feinde schreckt es auf diese Weise ab.

Wie groß sind Faultiere?

Faultiere sind ziemlich klein. Das südliche Zweizehenfaultier ist etwa so groß wie ein kleiner Hund. Es besitzt einen kleinen, runden Kopf, einen kurzen Hals und lange Arme und Beine. Jungtiere sind nur etwa 25 cm lang – so groß wie ein Kaninchen.

Im Unterschied zu anderen Säugetieren putzen Faultiere ihren Pelz nicht. Deshalb siedeln sich dort kleine grüne Algen an, die das Faultier bestens tarnen, wenn es in den Ästen von Regenwaldbäumen hängt.

Wie hängen Faultiere an Ästen? Sie haken ihre langen Krallen über den Ast und hängen daher kopfunter.

Spitzmäuse, Maulwürfe und Igel

Spitzmäuse, Maulwürfe und Igel sehen zwar unterschiedlich aus, sind aber sehr nah miteinander verwandt. Alle sind Insektenfresser, die tatsächlich vor allem Insekten, Larven und Regenwürmer fressen. Sie sind alle recht klein – Igel werden 30 cm lang, Maulwürfe 18 cm und Spitzmäuse nur etwa 7 cm. Eine Spitzmaus passt in deine Hand, und manche könnten auf einer Fingerspitze Platz nehmen!

▼ Wie viele Arten von Maulwürfen gibt es?

Es gibt 26 Arten in Europa, Asien und Nordamerika, und alle graben in der Erde. Sie nehmen in der Erde Erschütterungen wahr, die sie zu ihrer Beute, Würmern und Käferlarven, leiten.

Der schwarze Pelz der Maulwürfe ist weich und wurde früher zu Kleidung verarbeitet. Er ist so kurz und samtig, dass er keine Richtung erkennen lässt. Deshalb kann der Maulwurf ohne Mühe im Gang rückwärts laufen.

Wie sind Maulwürfe an das Leben in der Erde angepasst?

Maulwürfe sind kleine, pelzige Grabmaschinen. Der Leib ist untersetzt, die Beine sind kurz, und die Vorderbeine sind Grabbeine mit mächtigen Krallen. Maulwürfe sehen sehr schlecht. Mit den langen Tasthaaren nehmen sie Erschüt-terungen wahr. Sie graben lange Gänge und drücken dabei die lose Erde zu den Maulwurfshügeln empor.

Der Europäische Maulwurf verzehrt täglich mindestens 50 Regenwürmer. Die Jungen kommen in einem Nest zur Welt, das etwa so groß wie ein Fußball ist.

Maulwurfsgänge sind sehr eng. Möchte ein Maulwurf umkehren, muss er einen Purzelbaum machen oder rückwärts laufen.

▶ Wie viel frisst eine Spitzmaus?

Gemessen an ihrer Größe haben Spitzmäuse einen bemerkenswerten Appetit. Sie sind enorm aktiv, sowohl tags wie nachts, und müssen jeden Tag das Doppelte ihres Gewichtes fressen.

Spitzmäuse haben Stinkdrüsen an der Seite, die viele Feinde abschrecken, etwa Wiesel und Katzen. Greifvögel und Eulen haben allerdings keine so feine Nase und sind daher eine stetige Gefahr für Spitzmäuse auf der Futtersuche.

Es gibt 289 Arten von Spitzmäusen. Alle sind kleine, immer hungrige Kreaturen.

Wie viele Stacheln besitzt der Europäische Igel? Er hat etwa 5000 spitze Stacheln auf seinem Rücken.

▶ Wie schützen sich Igel?

Wird ein Igel angegriffen, zum Beispiel von einem Fuchs, rollt er sich zusammen und bleibt so lange zusammengerollt, bis der Räuber das Interesse verloren hat. Dabei krümmt er den Rücken und zieht Kopf und Beine in die Kugel zurück. Ist die Gefahr vorüber, sucht der Igel schnell einen Unterschlupf auf, etwa einen Busch. Igel gebären 4-10 Junge, die bei der Geburt blind und hilflos sind.

Die Igel in Gebieten mit einem strengen Winter überwintern zusammengerollt im Schutz von Blatthaufen.

Fledermäuse und andere fliegende Säugetiere

Fledermäuse sind die einzigen Säugetiere, die fliegen können wie die Vögel. Andere, wie die australischen Gleitbeutler und der südasiatische Pelzflatterer, können zwar von Baum zu Baum gleiten, aber nicht aktiv fliegen. Etwa ein Viertel aller Säugetierarten, mehr als 950 Arten, sind Fledermäuse.

Die Zwergfledermaus ist in Europa häufig. Sie frisst Insekten. Ihr winziger Körper würde in eine Streichholzschachtel passen!

▼ Wie fliegt der Kleine Gleitbeutler?

Gleitbeutler sind kleine, hörnchenartige Tiere in den Wäldern Australiens und Neuguineas. Um zum nächsten Baum zu kommen, springen sie einfach vom Ast, spreizen die seitlichen Hautfalten und segeln so wie an einem Fallschirm. So gleiten sie zu einem Ast weiter unten und landen dort auf allen vieren. Gleitbeutler sind Beuteltiere, und das Weibchen trägt die Jungen ungefähr zehn Wochen lang in seinem Beutel mit sich herum.

▲ Welche ist die kleinste Fledermaus?

Die kleinste Fledermaus auf der Erde ist die Hummelfledermaus. Diese seltene Art lebt in Thailand in Südostasien. Die Flügelspannweite beträgt nur 15 cm, und der Körper ist so groß wie eine Walnuss.

Die meisten Fledermäuse haben nur jeweils ein Jungtier. Das wird in den ersten Lebenswochen von der Mutter herumgetragen, wird aber bald dafür zu schwer. Nach etwa vier Wochen lernt es fliegen und beginnt selber zu jagen.

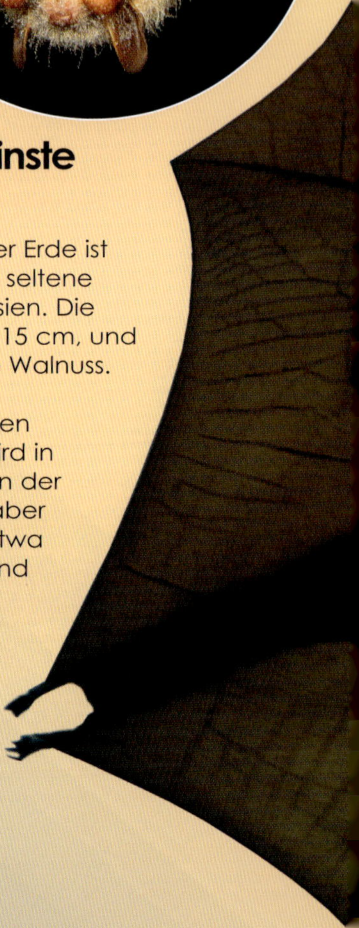

Die Kleinen Gleitbeutler nisten in Familiengruppen von bis zu 7 Paaren und ihren Jungen.

Fliegen Fledermäuse tagsüber? Fast alle Fledermäuse sind Nachttiere. Tagsüber schlafen sie kopfüber in Höhlen oder hohlen Bäumen.

Was sind Pelzflatterer?

Pelzflatterer sind Gleitflieger. Sie sind nicht mit den Halbaffen Madagaskars verwandt (s. S. 223) und können auch nicht wirklich fliegen. Sie sind nachtaktiv und ruhen tagsüber kopfunter in Regenwaldbäumen in Südostasien. Sie verzehren Früchte, Blätter und Blüten. Ihre Jungen tragen sie so lange mit sich herum, bis sie unabhängig sind. Selbst wenn das Weibchen von Baum zu Baum gleitet, nimmt es das Jungtier mit.

Die Flughaut der Pelzflatterer erstreckt sich seitlich vom Hals bis zum Schwanz und sieht aus wie ein Umhang.

◀ Wie finden Flughunde ihre Nahrung?

Fledermäuse hören besser als die meisten anderen Säugetiere, sehen aber nicht gut. Viele Arten besitzen besonders große Ohren, mit denen sie die leisesten Erschütterungen in der Luft wahrnehmen können. Die meisten Arten jagen Insekten. Dabei stoßen sie hohe Töne aus, die von einem fliegenden Insekt zurückgeworfen werden. Dadurch kann die Fledermaus das Insekt orten und fangen.

Die fruchtfressenden Fledermäuse nennt man Flughunde. Sie haben große Augen, eine lange Schnauze und ein pelziges Gesicht, daher wohl der Name. Ihre Nahrung spüren sie am Geruch auf.

Die Flügel der Fledermäuse bestehen aus einer dünnen Haut, die zwischen Beinen, Schwanz, Armen und Fingern ausgestreckt ist.

Kaninchen und Hasen

Kaninchen und Hasen sind kleine, pelzige Säugetiere mit langen Ohren, kurzem Schwanz und kräftigen Hinterbeinen zum schnellen Rennen. Sie besitzen ständig wachsende Nagezähne wie die Nagetiere und fressen Gras, Wurzeln und Blätter. Kaninchen, Hasen und die kleinen Pfeifhasen gehören alle zur Ordnung „Lagomorpha“, von der wir 79 Arten kennen.

▼ Wo leben Hasen?

Hasen graben keine Baue wie die Kaninchen, sondern bewohnen offene Lebensräume. Sie haben eine niedrige „Sasse“ in hohem Gras, wo sie ruhen und sich verstecken.

Dort sind sie bestens getarnt, solange sie ganz reglos sitzen. Die Junghasen werden am Boden geboren, daher müssen sie sofort aktiv und beweglich sein. Bei der Geburt haben sie schon ihren Pelz, und die Augen sind bereits offen. Nur Minuten nach der Geburt können sie schon stehen und rennen.

Der männliche Hase wird in der Jägersprache „Rammler“ genannt.

Ist der Schwarzschwanzhase wirklich ein Hase?

Obwohl er in Amerika „jackrabbit“ genannt wird, ist er ein echter Hase. Er besiedelt große Teile Nordamerikas und ist bei den Farmern unbeliebt, weil er an ihrem Getreide Schaden anrichtet. Während der Fortpflanzungszeit vollführen die Rammler seltsame Schaukämpfe, um Häsinnen anzulocken. Sie springen in die Luft und stoßen einander mit den Vorderbeinen.

▶ Mit wem sind Pfeifhasen am nächsten verwandt?

Pfeifhasen sind kleine Pflanzenfresser, die in Asien und Nordamerika zu Hause sind. Sie sind mit den Kaninchen verwandt, aber viel kleiner. Der Himalayapfeifhase bewohnt die Gebirgswälder des Himalaya in Asien. Er ist nur 20 cm lang und etwa so groß wie ein Meerschweinchen.

Pfeifhasen tragen Vorsorge für den Winter, indem sie im Sommer, wenn das Nahrungsangebot groß ist, Gräser sammeln und in der Sonne trocknen. Dann schichten sie die Gräser zu kleinen Heuhaufen auf. Im Winter, wenn Futter knapp ist, können sie von ihrem Vorrat zehren.

Die nordamerikanischen Pfeifhasen oder „Pikas" wohnen oft in Felsspalten.

Wie schnell können Hasen rennen? Der nordamerikanische Eselshase schafft 80 km/h – so viel wie die Geschwindigkeitsbegrenzung in den USA.

Die großen Ohren des Schwarzschwanzhasen dienen zur Wärmeregulierung. Mit ihnen kann er sich in der Hitze der nordamerikanischen Wüsten abkühlen.

▼ Leben Kaninchen in Gruppen?

Kaninchen sind soziale Tiere, die in Familiengruppen von etwa 10 Erwachsenen mit ihren Nachkommen zusammenleben. Sie graben große, verzweigte Baue in den Sand, die mehrere Eingänge und Fluchtwege besitzen.

Kaninchen fressen Gras und andere Pflanzen vorzugsweise in der Dämmerung oder nachts und bleiben tagsüber meist in ihrem Bau. Kaninchen haben sehr viele Feinde, daher müssen sie ständig auf der Hut sein.

Weibliche Kaninchen können siebenmal im Jahr Junge bekommen, und jeder Wurf kann bis zu 10 Jungtiere enthalten.

Kleine Nagetiere

Etwa die Hälfte aller Säugetierarten sind Nagetiere. Mitglieder dieser sehr erfolgreichen Familie kommen überall außer in der Antarktis vor und bewohnen alle Lebensräume von heißen Wüsten bis zur frostigen Tundra. Alle Nagetiere besitzen scharfe Vorderzähne, die Nagezähne. Die meisten Arten sind klein, zum Beispiel Mäuse, Ratten, Meerschweinchen und Lemminge.

▼ Wo leben Mäuse?

Die zahlreichen Mäusearten bewohnen vielerlei Lebensräume, Wälder der gemäßigten Zonen, tropische Regenwälder und Grassteppen. Die Hausmaus ist die einzige Maus, die beim Menschen lebt, während alle anderen Arten menschliche Siedlungen meiden.

Neugeborene Mäuse sind sehr klein und völlig hilflos. Aber nach nur zwei Wochen sind sie groß genug, um das Nest zu verlassen, und sie können sich bereits nach sechs Wochen fortpflanzen.

Viele Mäusearten klettern ausgezeichnet, so wie die Zwergmaus. Diese winzige Maus errichtet ihr Nest über der Erde an Gras- oder Weizenhalmen. Sie hält sich mit ihrem langen Greifschwanz fest.

▼ Wie viele Rattenarten gibt es?

Mehr als 50 Arten, aber die häufigsten sind die braune Wanderratte und die schwarze Hausratte. Hausratten bevorzugen wärmeres Klima, doch die Wanderratte ist sehr anpassungsfähig und kommt auf der ganzen Erde vor. Niemand weiß, wie viele Ratten es tatsächlich gibt, doch es mögen mehrere Milliarden sein – so viele wie Menschen auf der Erde.

Ratten sind die Überträger von etwa 30 Infektionskrankheiten. Sie sind außerdem Ernteschädlinge und vernichten wahrscheinlich jährlich ein Fünftel der gesamten Ernten auf der Erde. Daher ist es kaum verwunderlich, dass Ratten als Ungeziefer angesehen werden.

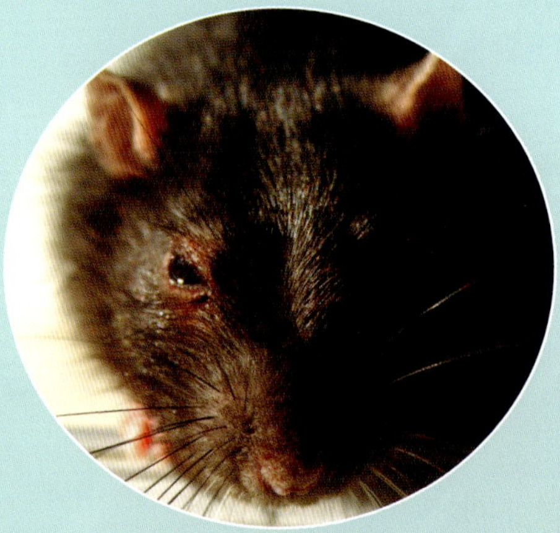

Haus- und Wanderratten können bis zu 22 Junge in einem Wurf und sieben Würfe im Jahr haben. Das heißt, dass jedes Weibchen pro Jahr 154 Nachkommen haben kann. Zum Glück überleben nicht alle!

Der Halsbandlemming ist das einzige Nagetier, das im Winter einen weißen Pelz bekommt. Das ist ein hervorragender Schutz vor Eisfüchsen und Eisbären.

▶ Was sind Lemminge?

Lemminge sind Verwandte der Wühlmäuse, die über 150 Arten enthalten. Wühlmäuse haben einen kürzeren Kopf, einen plumperen Leib und kürzere Beine und Schwänze als die echten Mäuse. Lemminge bewohnen den Norden Europas, Amerikas und Asiens. Ihr Pelz ist sehr dick, und sie überstehen den Winter, indem sie unter dem Schnee nach Pflanzen graben.

Lemminge leben in großer Zahl in gemeinsamen Bauen oder in Felsspalten. Wenn Futter knapp ist, was gewöhnlich alle drei oder vier Jahre der Fall ist, wandern sie in riesigen Scharen, um neue Nahrungsgründe zu suchen. Dabei ertrinken sie manchmal, wenn sie versuchen, tiefe oder kalte Flüsse zu durchqueren. Sie begehen aber keinen Selbstmord, wie manche Menschen glauben.

Weshalb haben Nagetiere so viele Nachkommen?

Sie haben sehr viele Feinde, deshalb brauchen sie so große Würfe, um zu überleben.

Viele Haustiere sind Nagetiere, zum Beispiel Rennmäuse, Hamster und Meerschweinchen. Rennmäuse stammen aus Afrika und Asien, Hamster aus Europa und Asien und Meerschweinchen aus Südamerika.

Wo leben Meerschweinchen?

Wilde Meerschweinchen besiedeln Steppen und Wüsten in Südamerika. Sie haben keinen Schwanz und können von Geburt an sehen, stehen und laufen. Das ist wichtig, weil sie von sehr vielen Räubern gejagt werden, zum Beispiel von Wieseln und Greifvögeln. Auch der Mensch jagt sie als Nahrung.

Meerschweinchen werden heute überall auf der Welt als Haustiere gehalten.

Große Nagetiere

Die meisten Nagetiere sind sehr klein, etwa die Mäuse, manche aber sind größer. Mittelgroße wie die Eichhörnchen, Erdhörnchen und Präriehunde haben ein schmales Gesicht und lange, buschige Schwänze. Andere große Nagetiere, wie Stachelschweine und Biber, besitzen eine plumpe Schnauze und einen gedrungenen Leib. Egal wie groß ein Nagetier ist – und das südamerikanische Wasserschwein ist so groß wie ein Schaf –, alle knabbern Pflanzen mit ihren langen Nagezähnen.

▼ Wo leben Eichhörnchen?

Das Eichhörnchen bewohnt europäische Wälder. Es klettert sehr gut und rennt Baumstämme auf und ab, wobei es sich mit den Krallen festhält. Das rote Eichhörnchen wird vom Grauhörnchen verdrängt, das vor 200 Jahren aus Amerika eingeführt wurde, denn das Grauhörnchen ist aggressiver als sein kleinerer europäischer Vetter.

Grauhörnchen übernehmen die Territorien der einheimischen Eichhörnchen und übertragen außerdem noch eine Krankheit, die viele Eichhörnchen tötet.

Eichhörnchen und Grauhörnchen bauen ihre Nester, die „Kobel", in Baumwipfeln.

Wo leben Stachelschweine?

Es gibt drei Arten von Stachelschweinen. Die nordamerikanischen Baumstachler haben kurze Stacheln und leben in Bäumen. Bürstenschwanzstachler kommen in Afrika und Asien vor und können ebenfalls klettern. Das gemeine Stachelschwein bewohnt die warmen Teile von Europa, Afrika und Asien. Mit seinen 90 cm langen Stacheln sieht das europäische Stachelschwein wie ein riesiger Igel aus, ist aber mit ihm nicht verwandt. Stachelschweine sind aggressiv, wenn sie sich bedroht fühlen. Erst rasseln sie mit den Stacheln und greifen dann rückwärts laufend an.

Nordamerikanische Baumstachler fressen Beeren, Blätter und Rinde. Manchmal töten sie einen Baum sogar, weil sie die gesamte Rinde fressen.

◀ Wo leben Biber?

Biber leben an Flüssen in Nordeuropa, Asien und Nord-amerika. Ihre Nagezähne sind sehr lang und stark genug, um Baumstämme durchzunagen. Sie schwimmen gut mit Hilfe der Schwimmfüße und des platten Schwanzes.

Biber errichten große „Burgen" aus Ästen und Schlamm. Sie stauen auch Flüsse mit selbstgebauten Dämmen zu Seen auf und errichten ihre Burg hinter dem Damm. Manche Dämme können 500 m lang sein.

Die jungen Biber kommen im Bau zur Welt, wo sie so lange bleiben, bis sie schwimmen können. Mit etwa zwei Jahren verlassen die Jungbiber ihre Familie.

Leben alle Hörnchen in Bäumen? Nein, Erdhörnchen, Murmeltiere und Präriehunde leben am und im Boden.

▶ Was ist ein Präriehund?

Präriehunde sind grabende Hörnchen, die die Prärien Nordamerikas bewohnen. Sie stoßen bellende Laute aus, daher kommt ihr Name. Sie werden ca. 40 cm lang, etwa so groß wie eine Katze. Oft sitzen sie aufrecht auf den Hinterbeinen, um nach Räubern wie Koyoten und Habichten Ausschau zu halten.

Präriehunde leben in Familiengruppen. Die Baue und Röhren jeder Familie sind mit denen anderer Familien verbunden. Daraus entsteht ein großes Netzwerk von Gängen, eine „Stadt". Die meisten Städte beherbergen ungefähr 1000 Tiere, doch eine große Stadt in Texas, USA, enthielt wohl 400 Millionen Präriehunde!

Bei Gefahr stoßen Präriehunde einen Alarmruf aus, der alle anderen warnt. Dabei springen sie auf und ab, um sicher zu sein, dass der Alarm gehört wird, und verschwinden dann in ihrem Bau.

Elefanten und Schliefer

Elefanten sind heute die größten und schwersten Landtiere. Es gibt zwei Arten, den Afrikanischen und den Indischen Elefanten. Überraschenderweise ist der nächste lebende Verwandte der Elefanten der Klippschliefer. Dieses kleine Pelztier ist nicht größer als eine Hauskatze.

Afrikanische und Indische Elefanten lassen sich leicht an ihren Ohren unterscheiden. Die Afrikanischen haben große runde Ohren, die Indischen kleinere, dreieckige.

Was haben Klippschliefer und Elefanten gemeinsam?

Der Klippschliefer sieht aus wie ein Nagetier, ist aber tatsächlich ein Verwandter der Elefanten. Beide, Schliefer und Elefant, besitzen Stoßzähne und Nägel an ihren polsterartigen Füßen. Vor Millionen von Jahren waren auch die Schliefer sehr groß. Die aber wurden kleiner, weil sie sich an veränderte Umweltbedingungen anpassten, die Elefanten aber nicht.

▲ Wo leben Afrikanische Elefanten?

Afrikanische Elefanten bewohnen verschiedene Lebensräume, von den zentralafrikanischen Wäldern bis zur Namibwüste. In den verschiedenen Lebensräumen kommen verschiedene Elefantentypen vor. Der Steppenelefant lebt in der Savanne, der kleinere Waldelefant im Regenwald und der seltene Wüstenelefant in trocken-heißen Wüsten.

Der Waldelefant ist der kleinste Afrikanische Elefant. Seine geringere Größe lässt ihn leichter im Wald vorankommen. Alle Elefanten können mit den Ohren Wärme abgeben, daher braucht der Steppenelefant in den heißen Savannen besonders große Ohren. Beim Waldelefanten sind die Ohren dagegen kleiner, weil er in einem kühleren Lebensraum vorkommt.

Es gibt sieben Schlieferarten, die teils an Felsen, teils auf Bäumen leben. Wie die Elefanten bilden die Schliefer Familienverbände.

◀ Leben Elefanten allein?

Die Weibchen bilden Herden, die von der erfahrenen Leitkuh geleitet werden. Die Herde enthält die Jungen der Leitkuh und ihre älteren Töchter mit ihren Familien. Die Herden bleiben meist viele Jahre lang zusammen.

Wenn ein Elefantenbulle etwa 10 Jahre alt ist, verlässt er die Herde. Die Jungbullen bilden eigene Herden, aber sie wechseln häufig von einer Herde zu einer anderen.

Die Elefantenkälber werden von allen Kühen der Herde umsorgt. Das entlastet die Mutter, und die jungen Kühe lernen die Fähigkeiten, die sie als Mütter brauchen.

▶ Wo leben die Indischen Elefanten?

Es gibt nur noch wenige wilde Indische Elefanten. Sie bewohnen abgelegene Bergwälder in Südostasien (Malaysia, Sri Lanka und Indochina). Wie alle Elefanten wandern auch die Indischen große Strecken auf der Suche nach Futter und Wasser. Diese Wanderungen werden zweimal jährlich unternommen und folgen immer der gleichen Route.

Der Elefantenrüssel enthält keine Knochen und ist sehr beweglich. Er dient zum Atmen, Riechen und Trinken und ist ebenso kräftig wie empfindlich. Er kann ebenso einen dicken Ast vom Baum abbrechen wie ein winziges Objekt vom Boden aufheben.

Wie kühlen sich Elefanten ab? Sie schlagen mit den Ohren und planschen im Wasser.

Indische Elefanten sind zähmbar und wurden seit langer Zeit dazu abgerichtet, Baumstämme zu transportieren und Wälder zu roden. In Südostasien nehmen sie geschmückt an festlichen Umzügen teil.

Pferde

Wildpferde wurden vor 6000 Jahren zuerst in Asien gezähmt. Heute gibt es keine echten Wildpferde mehr in freier Wildbahn. Das Przewalskipferd existiert nur noch in Zoos und Naturreservaten. Allerdings gibt es in vielen Ländern Herden verwilderter Pferde, die von Hauspferden abstammen und ihren Besitzern entkommen sind.

▼ Was sind Wildesel und Halbesel?

Sie sind wilde Verwandte des Pferdes. Es gibt drei Arten, den Afrikanischen Wildesel, den Kulan und den Kiang. Esel bewohnen trockene und felsige Gebiete und brauchen zum Überleben sehr wenig Wasser. Sie fressen hartes, stachliges Gras und sind an eine unwirtliche Umwelt gut angepasst.

Die asiatischen Halbesel werden von Wölfen gejagt. Sie leben in großen Herden, und wenn sie sich bedroht fühlen, vertreibt eine Gruppe starker Hengste gemeinsam den Angreifer.

▼ Wo lebte das Przewalskipferd ursprünglich?

Es lebte in Herden auf den Hochweiden in der Mongolei. Heute ist es in diesem Gebiet ausgestorben, und nur noch etwa 1600 Tiere leben in Gefangenschaft. Es wird allerdings versucht, es wieder in seiner Heimat anzusiedeln.

Das Przewalskipferd ist kleiner und untersetzter als die meisten Haus- und Wildpferde. Wie alle Pferde kann es vorzüglich sehen, riechen und hören und kann daher Gefahren bereits von Weitem erkennen.

Alle Esel fressen Gräser, aber auch Kräuter und selbst Baumrinde, wenn Futter knapp ist.

Alle Pferdeartigen haben immer nur ein Fohlen, das wenige Minuten nach der Geburt bereits laufen kann.

Wie viele Sorten Hauspferde gibt es? Mehr als hundert verschiedene Sorten.

Männliche Hauspferde werden Hengste genannt, die weiblichen Stuten. Die Jungtiere heißen Fohlen.

Die schwarz-weiße Streifung der Zebras löst den Körperumriss auf, sodass Feinde Mühe haben, sie zu erkennen.

▲ Wo leben Wildpferde?

Wildpferde stammen von Hauspferden ab, leben aber wild in verschiedenen Lebensräumen wie Steppen, Savannen, Sumpfgebieten, Bergländern und sogar Wüsten. Alle Wildpferde ernähren sich von Gras.

In Australien gibt es mehr Wildpferde als auf jedem anderen Kontinent. Die „Brumbies“ genannten Pferde kommen in vielen Lebensräumen Australiens vor. Große Herden von „Mustangs“ gibt es in den USA.

Ist das Zebra ein Pferd?

Zebras gehören zur Pferdefamilie. Sie sind kleiner als Pferde, haben aber die gleiche Körperform und die gleichen Füße – harte Hufe aus Horn, die einen einzigen Zeh umhüllen. Sie fressen ebenfalls Gras.

Zebras leben in den afrikanischen Steppen und Savannen südlich der Sahara. Sie bilden kleine Familiengruppen, schließen sich aber zu großen Herden zusammen, wenn genügend Futter und Wasser vorhanden ist.

Nashörner und Tapire

Nashörner und Tapire sind nah verwandt, obgleich sie sehr verschieden aussehen. Beide haben dreizehige Füße und sind ruhige, einzeln lebende Pflanzenfresser. Beide sind selten geworden, weil sie zu stark bejagt worden sind und ihre Lebensräume zerstört werden. Nashörner bewohnen Afrika und Teile Südostasiens, Tapire leben in Mittel- und Südamerika und ebenfalls in Südostasien.

Die Hörner der Nashörner bestehen aus sehr dicht gepackten, verklebten Haaren, nicht aus Knochen.

▲ Ist das Weiße Nashorn weiß?

Das Weiße Nashorn ist graubraun gefärbt. „Weiß" kommt aus dem Afrikaans, der in Südafrika gesprochenen Sprache, und bedeutete ursprünglich „weit", wegen des breiten Maules. Dieses auch Breitmaulnashorn genannte Tier frisst vor allem Gras.

Die Nashornkuh bringt nur alle zwei Jahre ein Kalb zur Welt und führt es bis zur Geburt des nächsten. Sie kann jeden Tag bis 20 Liter Milch produzieren. Die Kälber sind durch Löwen und Hyänen gefährdet.

◀ Wo kommt das Schwarze Nashorn vor?

Diese auch als Spitzmaulnashorn bezeichnete Art lebt im zentralen und südlichen Afrika. Trotz der langen Hörner ist es ein friedlicher Pflanzenfresser, der mit seiner beweglichen Oberlippe Blätter von Büschen und Bäumen zupft.

Spitzmaulnashörner sind Einzelgänger und verteidigen ihr Territorium. Da sie kurzsichtig sind, greifen sie alles an, was sich bewegt oder was sie nicht erkennen können. Sie hören und riechen allerdings sehr gut.

Nashörner unterscheiden sich dadurch von allen anderen Horntieren, dass ihre Hörner auf dem Maul sitzen, nicht oben auf dem Kopf. Ihre Haut ist sehr dick und sitzt wie ein lederner Panzer auf ihrem Körper.

Wieso haben Tapire so einen langen Rüssel?

Der Rüssel des Tapirs besteht aus der Nase und der Oberlippe. Er dient zum Ergreifen und Abbeißen von Pflanzen, vor allem von Schösslingen und Blätterpflanzen am Boden des Regenwaldes.

Alle jungen Tapire sind gestreift oder gesprenkelt. Das löst ihren Körperumriss auf und macht sie im schattigen Unterholz fast unsichtbar. Wenn sie heranwachsen, verblasst die Streifung und verliert sich dann.

Tapire sind meist nachtaktiv. Da die Augen klein sind, verlassen sie sich lieber auf ihre Nase. Diese halten sie beim Laufen dicht am Boden und erschnüffeln so ihren Weg.

Wie groß ist das Breitmaulnashorn? Nach dem Elefanten ist es das zweitgrößte Landtier auf der Erde und wiegt über 2 Tonnen.

▶ Welcher Tapir ist am größten?

Der Schabrackentapir aus Südostasien kann 2,5 m lang werden, das ist so groß wie ein Esel. Bei allen Tapiren ist der Leib massig, und die Beine sind kurz; so können sie leicht durch das Unterholz der dichten Regenwälder brechen, in denen sie leben. Tapire können gut schwimmen und entfernen sich niemals weit vom Wasser. Ihre Hauptfeinde sind Großkatzen, und bei Gefahr springen sie ins Wasser und schwimmen weg – und entkommen so oft, weil sie bessere Schwimmer als die Großkatzen sind.

Tapire können recht lange unter Wasser bleiben, denn sie benutzen ihren Rüssel gewissermaßen als Schnorchel zum Atmen.

Wildschweine, Pekaris und Flusspferde

Wildschweine und Pekaris sind kleine, aber kraftvolle Tiere mit kurzen Beinen und einem kräftigem Körper. Flusspferde sind mit den Schweinen verwandt und fressen trotz ihrer Größe kein Fleisch, sondern Gras. Sowohl Schweine wie Flusspferde können sich sehr gut verteidigen. Südostasiatische Wildschweine können sogar Tiger mit ihren Hauern aufschlitzen, die Pekaris in Südamerika greifen den Jaguar an, und ein Flusspferd nimmt es durchaus mit einem Krokodil auf.

Halsbandpekaris heißen so wegen ihres weißen Fellstreifens rings um den Hals. Ihre Hauer sind kürzer als die der Schweine, aber lang genug für jeden Gegner.

▼ Lieben Flusspferde Wasser?

Wie ihr Name sagt, verbringen die afrikanischen Flusspferde fast den ganzen Tag in Flüssen, Seen und Lagunen. Meist schaut nur der Kopf heraus, damit schützen sie sich vor der Hitze und vor Sonnenbrand. Nachts kommen sie heraus und grasen an Land.

Flusspferde sind gesellige Tiere, die in Gruppen von etwa 15 Tieren zusammenleben. Jungtiere wiegen bei der Geburt bereits 55 kg und können schon Minuten nach der Geburt laufen. Sie halten sich immer in der Nähe der Mutter auf, die sie gegen Feinde verteidigt.

Das Zwergflusspferd ist schlanker und kleiner als das häufigere große Fluss- oder Nilpferd.

Wie lange können Flusspferde unter Wasser bleiben? Ungefähr 10 Minuten, dann müssen sie wieder Atem holen.

Wo kommen Pekaris vor?

Pekaris sind mittelgroße schweineähnliche Tiere in Mittel- und Südamerika, die aber mit den echten Schweinen nur entfernt verwandt sind.

Pekaris leben in großen Herden und verteidigen sich als Gruppe, wenn sie etwa von einer Großkatze angegriffen werden. Manchmal greift sogar ein einzelnes Pekari den Gegner an und opfert sich sozusagen, damit die Herde entkommen kann.

▶ Wo leben Wildschweine?

Wildschweine kommen in vielen Ländern vor und bewohnen meistens Wälder. Sie tragen einen rauen braunen oder grauen Pelz, der sehr strapazierfähig ist. Obwohl Wildschweine als schmutzig gelten, wälzen sie sich nur im Schlamm, um sich abzukühlen.

Die weiblichen Wildschweine, die Bachen, bringen in einem mit Gras ausgekleideten Bau 5 oder 6 Frischlinge zur Welt. Die Neugeborenen sind ganz hilflos und bleiben mehrere Tage lang im Bau. Sie sind gestreift, das tarnt und schützt sie vor Feinden.

Wildschweine besitzen sehr scharfe Hauer, die eigentlich die verlängerten Eckzähne sind und weit aus dem Maul herausragen.

▼ Weshalb besitzen Warzenschweine solch große Hauer?

Die langen Hauer werden zuweilen zur Abwehr von Feinden benutzt. Warzenschweine graben mit ihnen aber auch Pflanzenwurzeln aus der harten Erde aus. Zur Fortpflanzungszeit bekämpfen sich die Eber mit den Hauern.

Warzenschweine bewohnen die afrikanischen Steppen in kleinen Familien. Ihr Gesicht ist mit drei Paar Warzen geschmückt, und eine schwarze Mähne zieht vom Kopf den ganzen Rücken entlang. Sie sehen schlecht, hören und riechen aber sehr gut.

Warzenschweine fressen manchmal ihren eigenen Dung und auch den anderer Tiere, zum Beispiel von Flusspferden.

Rinder

Rinder sind große pflanzenfressende Säugetiere, die auf der ganzen Welt vorkommen. Die ersten Rinder wurden vor 5000 Jahren gezähmt oder domestiziert. Heute werden die Wildrinder, etwa Bison, Moschusochse und Gaur, zunehmend seltener. Wir kennen etwa 200 Rassen von Hausrindern, und die meisten werden wegen ihrer Milch, ihres Fleisches oder ihrer Häute gehalten, teilweise auch als Zugtiere oder zum Pflügen.

Alle Rinder besitzen vier Mägen, die dazu dienen, das Futter besser zu verdauen. Das Gras braucht drei bis vier Tage, um das Verdauungssystem des Bisons zu passieren.

▲ Sind Bisons gefährdet?

Die nordamerikanischen Bisons waren einst sehr zahlreich und lebten in Herden von bis 100 000 Tieren. Dann wurden sie von den europäischen Siedlern so sehr gejagt, dass nur noch 1000 überlebten. Heute haben sich die Herden wieder vergrößert, weil sie in Reservaten gehalten werden.

Der Bison besitzt einen großen Kopf und einen enormen Buckel. In der Fortpflanzungszeit kämpfen die Bullen um die Kühe und drücken sich gegenseitig mit den Köpfen. Es gewinnt derjenige, der den Rivalen zurückdrängen kann. Den Rest des Jahres leben Bullen und Kühe in getrennten kleineren Herden und ziehen grasend auf den Prärien umher.

▼ Wie halten sich Moschusochsen warm?

Moschusochsen bewohnen die Tundra, die kalten, baumlosen Ebenen in der Arktis. Sie besitzen ein dickes, zotteliges Fell, das sie vor der eisigen Kälte in der Tundra schützt.

Moschusochsen verteidigen sich mit ihren nach unten gekrümmten Hörnern. Wird eine Herde von einem Wolfsrudel angegriffen, versammeln sich die erwachsenen Tiere um ihre Jungen. Dann senken sie die Köpfe und bilden einen Ring aus gefährlichen Hörnern.

Moschusochsen besitzen besonders breite Hufe, um nicht im Schnee einzusinken.

Die Gaurherde wird von einem dominanten Bullen geleitet. Die Stellung in der Herde hängt von der Größe der Tiere ab – je kleiner der Gaur, desto niedriger ist seine Stellung in der Herde.

▶ Wo leben Wasserbüffel?

Wasserbüffel leben in den feuchteren Teilen Asiens, wurden aber auch nach Europa, Nordafrika, Südamerika und Nordaustralien eingeführt. Sie waren früher in freier Wildbahn häufig, heute gibt es sie fast nur noch als Haustiere.
Die breiten Hufe und stämmigen Beine der Wasserbüffel sind Anpassungen an sein Leben in Sümpfen. Seit Hunderten von Jahren werden sie in Südasien zur Bearbeitung der bewässerten Reisfelder gebraucht. Wie andere Hausrinder werden Wasserbüffel auch gemolken.

Der wilde Wasserbüffel hat die längsten Hörner aller heutigen Tiere – sie werden bis 1,2 m lang.

Welches ist das größte Tier in Nord amerika? Der Bison. Er wiegt mehr als ein kleines Auto.

Wo lebt der Gaur?

Der Gaur ist ein Wildrind, das in Südostasien, von Nepal und Indien bis Malaysia, verbreitet ist. Gaure halten sich tagsüber im Wald auf, nachts wandern sie auf Lichtungen, um zu grasen. Diese scheuen, friedlichen Tiere werden vom Tiger gejagt.

Gaure leben in Herden von bis 40 Tieren und verständigen sich mit schnaubenden und grollenden Geräuschen.

Ziegen und Schafe

Ziegen und Schafe gehören ebenso wie Rinder und Antilopen zur Familie der Rinderartigen oder „Boviden". Alle Boviden besitzen Hörner, die das ganze Leben lang wachsen. Ziegen und Schafe wurden schon vor Jahrtausenden domestiziert. Es gibt viele Haustierrassen, aber vor allem in Gebirgen existieren noch mehrere Arten von Wildziegen und Wildschafen.

Wildziegen wie der Alpensteinbock besitzen Hufe, die bestens zum Klettern geeignet sind. Die Hufe haben harte Kanten und eine gummiartige Mitte, die den Tieren selbst auf schlüpfrigen Steinen guten Halt geben.

▲ Wo lebt der Alpensteinbock?

Alpensteinböcke kommen in Gebirgen Südeuropas und Nordafrikas und im Osten sogar bis nach Nordindien vor. Tagsüber halten sie sich zum Äsen in den Felsen auf, nachts steigen sie bis in die Wälder herunter, um zu ruhen. Sie fressen Gräser, Blätter, Jungpflanzen und Rinde.

Im Winter, wenn die Berge verschneit sind und Futter knapp ist, kommen die Alpensteinböcke in die Täler herunter und suchen auf Talwiesen nach Nahrung.

Die Geißen der Schneeziege bringen ihre Jungen auf steilen Felsen zur Welt, wohin keine Feinde gelangen. Die neugeborenen Zicklein sind sehr bald fähig, sich sicher zu bewegen.

◀ Weshalb sind Schneeziegen weiß?

Schneeziegen tragen ein weißes Fell, das im Winter besonders dick wird. Die weiße Färbung tarnt die Ziegen hervorragend in den verschneiten Hochgebirgen Nordamerikas, wo die Schneeziege heimisch ist. Ihr Hauptfeind ist der Puma.

Schneeziegen leben im Sommer einzeln und finden sich erst im Winter zu großen Herden zusammen. Sie sind enorm trittsicher und bewegen sich langsam und vorsichtig im tiefen Schnee. Selbst auf vereisten Felsen gehen sie sehr sicher.

▶ Welche Schafe besitzen spiralige Hörner?

Dickhornschafe bewohnen die Rocky Mountains in Nordamerika. Sie haben wie viele andere Wildschafe lange, massige, gedrehte Hörner seitlich am Kopf. Die Hörner des Widders zeigen sein Alter und seine Gesundheit an und ein wie guter Kämpfer er ist. Die Widder stoßen bei ihren Kämpfen mit über 30 km/h mit den Köpfen zusammen. Sie tun das etwa alle zehn Minuten, und die Kämpfe können 24 Stunden andauern, so lange, bis einer der Rivalen erschöpft ist und flieht.

Dickhornschafe klettern auf Felsbändern herum, die nur 5 cm breit sind, und können 6 m weit von Fels zu Fels springen.

Wie viele Hausschafe gibt es heute auf der Welt? Etwa 800 Millionen Tiere in mehr als 800 Rassen.

Die größten Herden von Hausschafen gibt es in Australien. Dort leben über 140 Millionen Schafe.

Welches ist das kleinste Wildschaf?

Das Mufflon ist das kleinste Wildschaf auf der Welt. Es lebt in Südwestasien und Südeuropa. Es wurde bereits vor 9000 Jahren domestiziert und ist der Vorfahr aller heutigen Hausschafe.

Wie die anderen Wildschafe bekommt das Mufflon im Winter einen dichten Pelz. Im Sommer verliert es die dichte Wolle, um es kühler zu haben.

Hirsche und Antilopen

Hirsche und Antilopen sind Pflanzenfresser. Sie sind schnell und laufen und flüchten bei Gefahr. Ihre scharfen Sinnesorgane melden ihnen Feinde schon von Weitem, sodass sie früh genug fliehen können. Viele Arten tragen erstaunliche Geweihe oder lange Hörner. Es gibt 36 Arten Hirsche und über 100 Arten Antilopen.

Die männlichen Hirsche werden Bulle genannt, die weiblichen Hirschkuh und die Jungen Hirschkalb. Sie äsen 12 Stunden täglich.

Welche ist die größte Antilopenart?

Die Elenantilope aus Zentral- und Südafrika ist die größte Antilope und kann eine Schulterhöhe von 2 m erreichen. Diese große Antilope ist sehr gut an das heiße Klima angepasst, denn sie muss nicht oft trinken, weil sie einen großen Teil des Wassers aus ihren Futterpflanzen bekommt.

▲ Wie groß wird der Rothirsch?

Erwachsene männliche Rothirsche erreichen eine Schulterhöhe von 1,3 m und gehören damit zu den größten europäischen Tieren. Große Geweihe können mehr als einen Meter lang werden.

Die meiste Zeit leben Hirsche und Hirschkühe getrennt, nur in der Fortpflanzungszeit treffen sie sich. Dann kämpfen die Hirsche miteinander um die Kühe. Da die älteren Hirsche größere Geweihe besitzen, gewinnen sie dabei meist und sichern dadurch ihre dominante Stellung in der Herde.

Trotz ihrer Größe ist die Elenantilope sehr gewandt und kann über hohe Zäune springen.

Wird er aufgeschreckt, dann öffnet sich eine Hautfalte am Hinterteil des Springbocks, und ein Kamm weißen Haares wird sichtbar.

◀ Weshalb springen Springböcke?

Wie die meisten Antilopen ist der Springbock sehr gewandt und kann auf der Flucht vor Feinden 3,5 m hoch in die Luft springen. Das ist erstaunlich für ein Tier, das selber nur 80 cm hoch ist.

Springböcke leben in Herden und sind dauernd vor etwaigen Feinden auf der Hut, die, wie zum Beispiel Löwen, sich im hohen Gras anschleichen könnten. Wie die meisten Antilopen besitzen die Männchen lange, gewundene Hörner.

Woraus besteht ein Geweih? Aus Knochen, die von einer samtigen Haut bedeckt sind. Das Geweih wird jedes Jahr abgeworfen und durch ein neues ersetzt.

▶ Leben Elche in Herden?

Der Elch ist die größte Hirschart und wird an der Schulter bis 2,1 m hoch. Anders als viele Hirsche ist der Elch ein Einzelgänger, abgesehen von der Fortpflanzungszeit. Der Elch bewohnt die Wälder Nordamerikas und Nordeuropas.

Das gewaltige, flache Geweih des Elchs ist furchterregend anzusehen, doch der Elch ist ein friedlicher Pflanzenfresser. Den Winter über frisst er Wurzeln, Rinde und Blätter, im Sommer watet er in flache Seen und Sümpfe, um Sumpfpflanzen zu äsen.

An der Größe des Geweihes kann man erkennen, wie alt der Hirsch ist. Das Geweih dient auch als Zeichen für einen Rang in der Herde.

Gabelantilopen und Giraffen

Gabelantilopen haben keine nahen Verwandten und bilden daher eine eigene Familie. Sie kommen nur im westlichen Nordamerika vor. Giraffen sind besonders ungewöhnliche Tiere. Sie sind so hoch, dass sie viele Kilometer weit sehen können. Diese Riesen der afrikanischen Savanne sind weit größer als ihr kleinerer Verwandter aus den Regenwäldern Zentralafrikas, das Okapi.

Okapis können nicht gut sehen, hören und riechen aber ausgezeichnet.

▼ Was ist an den Gabelantilopen besonders?

Gabelantilopen sind sehr eigenartige Tiere. Sie sehen aus wie eine Antilope, gehören aber nicht zur Antilopenfamilie. Die Hörner der Gabelantilope haben wirklich das Aussehen von Fleischgabeln. Auch die Weibchen besitzen Hörner, doch sind sie viel kleiner als die der Männchen.

Gabelantilopen bewohnen Steppen und Wüsten und fressen Gras. Im Herbst und Winter bilden sie große Herden mit bis zu 1000 Tieren.

▲ Mit wem sind Giraffen verwandt?

Das Okapi sieht ein bisschen wie ein Pferd aus, ist aber in Wirklichkeit mit den Giraffen nah verwandt. Dieses scheue Tier lebt im Regenwald und besitzt deshalb nicht die langen Beine und den langen Hals seines Vetters in der Savanne.

Beide haben aber die gleiche Kopfform und die gleichen stumpfen Hörner, dünnen Lippen und langen Greifzungen.
Okapis sind Einzelgänger, die ihr Leben lang ein ziemlich kleines Gebiet in ihrem Lebensraum bewohnen. Sie benutzen immer dieselben Pfade im Regenwald und ernähren sich von Blättern, Knospen und jungen Trieben.

Gabelantilopen sind die flinksten Tiere in Nord- und Südamerika und können bis 85 km/h schnell laufen.

◀ Welches ist das höchste Tier auf der Welt?

Das ist die Giraffe, die aufgerichtet erstaunliche 6 m hoch werden kann. Die Vorderbeine sind so lang, dass die Giraffe sie spreizen muss, wenn sie trinken will. Beim Fressen kann die Giraffe bis in den Wipfel einer Akazie hinaufreichen und die dornigen Zweige mit ihren harten Lippen abreißen.

Erwachsene Giraffen haben nur zwei Feinde – Löwen und Menschen. Jungtiere allerdings können Leoparden, Hyänen und Krokodilen zur Beute fallen. Giraffen können sich mit wuchtigen Huftritten verteidigen, oder sie laufen bei Gefahr einfach weg.

Die Giraffe besitzt eine lange Greifzunge, mit der sie Blätter hoch oben von Bäumen herabziehen kann.

Warum besitzen Giraffen einen so langen Schwanz?

Mit dem langen Schwanz vertreiben sie lästige Insekten.

Giraffen können fast 50 km/h schnell rennen.

Wie lange sind Giraffen schwanger?

Eine Giraffenkuh trägt ihr einziges Junges 15 Monate lang. Bereits eine Stunde nach der Geburt kann das Kalb der Mutter durch die Savanne folgen.

Giraffen leben in kleinen, aus Kühen und ihren Kälbern bestehenden Gruppen, die von einem Bullen geführt werden. Die Bullen tragen Kämpfe um die Vorherrschaft in der Gruppe aus.

Schleichkatzen und Mungos

Schleichkatzen und Mungos sind kleine, räuberische Säugetiere. Die beiden Familien sind nicht sehr nah verwandt, haben aber einige Merkmale gemeinsam – beide besitzen einen lang gestreckten Leib, kurze Beine, eine spitze Schnauze und einen langen Schwanz. Sie sind schnelle, bewegliche Tiere mit sehr unterschiedlichem Speisezettel und bewohnen recht verschiedenartige Lebensräume.

Gelbe Mungos sitzen auf den Hinterkeulen, um ihre Umgebung besser beobachten zu können. Sie graben in der Erde lange, verzweigte Tunnel und Wohnkammern.

Wie kämpft der Indische Mungo mit Schlangen?

Wenn der Mungo einen gefährlichen Feind entdeckt, etwa eine Kobra, sträubt er seinen Pelz, sodass er doppelt so groß erscheint. Mit blitzartigen Vorstößen packt der Mungo die Kobra am Hals und beißt mit seinen rasiermesserscharfen Zähnen zu. Indische Mungos wurden in viele Länder eingeführt, um Schlangen und Nagetiere zu bekämpfen.

Der Indische Mungo frisst aber nicht nur Schlangen, sondern auch Kleinsäuger, Insekten, Eier und Früchte. Als wilder Kämpfer greift er aber auch größere Tiere an, zum Beispiel Hasen und sogar junge Hirsche.

Der kleinste Mungo ist die Zwergmanguste, die nur halb so groß wird wie ihr größter Verwandter. Sie ist nur 20 cm lang.

▶ Jagt das Ichneumon nachts?

Das Ichneumon kommt in vielen Ländern Afrikas, aber auch in Teilen Südeuropas vor. Es ist vor allem nachts aktiv und streift dann auf der Suche nach Futter herum. Den Tag verbringt es in Erdhöhlen, hohlen Bäumen und Felsspalten.

Das Weibchen bringt 2-4 Junge zur Welt, die bei der Geburt noch blind und hilflos sind. Erst nach 8 Wochen öffnen sie die Augen, dann haben sie aber ein hervorragendes Sehvermögen, das ihnen bei der Jagd nützlich ist.

Wo kommen Binturongs vor?

Der Binturong oder Palmroller besiedelt die Inseln Südostasiens. Er bewohnt sowohl Wälder wie Grasländer. Tagsüber versteckt er sich im dichten Unterwuchs und kommt nur nachts zum Jagen heraus. Dabei klettert er auch auf Bäume. Seine Nahrung besteht aus kleinen Säugetieren, Vögeln und Schlangen, aber auch Insekten, Eiern und Früchten. Abgesehen von der Fortpflanzungszeit ist er ein Einzelgänger.

Zibetkatzen sind sehr laute Tiere, die vier verschiedene Laute ausstoßen – ein Knurren, ein Husten, ein Kreischen und ein „ha ha ha", das sich wie Lachen anhört.

Welche ist die größte Mungoart?
Die Weißschwanzmanguste. Sie wird bis 58 cm lang.

▶ Weshalb leben Erdmännchen in Gruppen?

Anders als die meisten Mungos leben die Erdmännchen in Gruppen mit bis zu 40 Tieren. Weil sie viele Feinde haben, sind sie ständig auf der Hut. Sie sind berühmt dafür, dass sie gern auf den Hinterbeinen stehen, um sich umzublicken.

Erdmännchen haben lange, scharfe Krallen, mit denen sie gern in der Erde nach Futter scharren. Sie bewohnen die Savannen Afrikas und ernähren sich von verschiedenen Kleintieren, Insekten, Eiern und Wurzeln. Wie andere Mungos greifen sie Schlangen an, aber nur, um sie zu vertreiben.

Erdmännchen heißen so, weil sie gern wie kleine Menschen aufrecht stehen und herumschauen.

Kleinkatzen

Hauskatzen gehören zu den beliebtesten Haustieren, und etwa 500 Millionen von ihnen werden weltweit gehalten. Doch die wild lebenden Katzen sind viel weniger zutraulich als Hauskatzen. Es gibt 37 Arten Wildkatzen – die meisten von ihnen sind recht klein –, zum Beispiel Serval, Ozelot, Luchs und Wüstenluchs. Viele Wildkatzen werden ihrer schönen Felle wegen gejagt, und sie brauchen heute unseren Schutz.

▼ Weshalb hat der Serval so lange Beine?

Der Serval ist eine sehr langbeinige Kleinkatze, so kann er in der Grassteppe seine Beute anspringen. Er jagt kleine Nagetiere und bodenbrütende Vögel und ist imstande, bei der Jagd auch über hohes Gras zu springen. Servale hören sehr gut und spüren ihre Beutetiere mit dem Gehör auf.

Servale bewohnen Steppen und Savannen in Zentral- und Westafrika. Gern halten sie sich in Wassernähe auf, wo sie sich im Gebüsch vor größeren Feinden verstecken können. Das gesprenkelte Fell tarnt sie zusätzlich, wenn sie im Schatten sitzen.

Der Serval kann 3 m hoch in die Luft springen, um bodenbrütende Vögel wie den Frankolin zu überraschen.

Luchse besitzen breite, rundliche Pfoten, mit denen sie über den Schnee laufen können, ohne einzusinken.

▲ Welche Katzenart besiedelt drei Kontinente?

Der Luchs bewohnt die Gebirge Nordamerikas, Asiens und Europas. Die Weibchen gebären ihre Jungen im Frühjahr, damit diese stark genug sind, um den nächsten Winter zu überstehen.

Luchse besitzen sehr kurze Schwänze und büschelige Ohren und unterscheiden sich damit von anderen Katzen. Im Winter bekommen sie ein dickes Winterfell, das sie bestens vor der Kälte schützt. Mit ihrem recht hellen Fell fallen sie in der verschneiten Landschaft kaum auf.

Ozelots können sehr gut klettern, springen und schwimmen. Den Tag verschlafen sie gewöhnlich in einem hohlen Baum oder einer Astgabel.

◀ Wo kommen Ozelots vor?

Ozelots sind Wildkatzen der Regenwälder Mittel- und Südamerikas. Wie viele andere Katzen ist auch der Ozelot durch die Zerstörung seines natürlichen Lebensraumes gefährdet.

Der Pelz des Ozelots ist besonders schön, rotbraun mit schwarzen Flecken und Rosetten. Hinter dem Ohr befindet sich ein weißer Fleck, und auch Schnauze und die Umgebung der Augen sind weiß gefleckt.

Welche Wildkatzenart ist am kleinsten? Die Rostkatze wird nur 35 cm lang und lebt in Indien.

Katzen wurden bereits vor mehr als 3000 Jahren gezähmt, wahrscheinlich zuerst bei den alten Ägyptern.

Was jagen Wüstenluchse?

Der flinke Wüstenluchs jagt Vögel, Nagetiere und kleine Antilopen, die er beschleicht. Manchmal fängt er auch niedrig fliegende Vögel in der Luft.

Wüstenluchse bewahren manchmal Reste ihrer Mahlzeit in Büschen und Bäumen auf, um später noch etwas davon zu haben. Sie bewohnen trockene Buschsteppen in Afrika und Südwestasien.

Löwen, Leoparden und Geparden

Die Katzenfamilie enthält auch einige größere Arten, die als „Großkatzen“ bezeichnet werden. Wie alle Katzen sind sie Räuber, die lebende Beutetiere jagen und töten. Sie sehen und hören sehr gut, und diese Sinne sind für die Jagd besonders wichtig.

Einige Großkatzen, etwa Leopard und Schneeleopard, sind Einzelgänger, andere, etwa die Löwen und Geparden, leben in kleinen Rudeln.

Wie jagen Löwen?

Die meiste Arbeit bei der Jagd verrichten die Löwinnen. Sie jagen oft zu zweit, vor allem große Savannentiere wie Zebras, Büffel und Antilopen. Normalerweise jagen sie nachts und ruhen während der Hitze des Tages.

Löwen leben in einem Rudel, das aus mehreren Löwinnen mit ihren Jungen und aus einigen Männchen besteht. Die Männchen verteidigen das Rudel und vertreiben Eindringlinge durch ihr Gebrüll.

Welches Säugetier ist der größte Räuber in Afrika?
Der Löwe, mit einer Schulterhöhe von bis zu 1,2 Metern.

Viele Großkatzen werden wie die Löwen mit gesprenkeltem Fell geboren, das sie vor Feinden schützt. Die Flecken verblassen mit der Zeit.

▶ Leben Leoparden im Rudel?

Nein, Leoparden sind Einzelgänger. Sie jagen allein, und die Männchen suchen die Weibchen nur in der Fortpflanzungszeit auf. Leoparden kommen in Afrika und Asien vor und leben sowohl im Wald wie in Savannen und sogar Wüsten.

Leoparden jagen kleinere Tiere, Gazellen, Schweine und Affen, aber sie sind nicht wählerisch und fressen auch Vögel und sogar Insekten, wenn Nahrung knapp ist. Sie klettern vorzüglich und schleppen ihre Beute hoch auf Bäume in Astgabeln, um sie vor hungrigen Schmarotzern zu schützen.

Der Leopard ist die häufigste Großkatze und bewohnt auch die verschiedenartigsten Lebensräume.

Der Gepard ist das schnellste Landsäugetier. Er kann Geschwindigkeiten von 100 km/h erreichen – jedoch nur für etwa 30 Sekunden.

▲ Wo kommen Geparden vor?

Geparden leben in kleinen Rudeln in den Savannen Ost- und Südafrikas. Früher waren sie auch in Asien häufig, wurden aber so stark bejagt, dass sie heutzutage sehr selten sind.

Geparden jagen tagsüber, weil sie ihre Beute in schnellem Lauf schlagen. Meist sind es kleinere Antilopen oder Jungtiere anderer Savannenbewohner. Beim Anspringen werfen sie das Opfer um und erwürgen es dann.

▶ Welche ist die seltenste Großkatze?

Eine der seltensten Großkatzen ist der Schneeleopard. Er bewohnt Hochlagen im Himalaja und in den Gebirgen Zentralasiens. Leider wurde diese schöne Katze wegen ihres enorm dicken Winterfelles zu sehr gejagt und ist heute dem Aussterben nah.

Im Winter bekommt der Schneeleopard ein sehr dichtes Fell. Um sich warm zu halten, ringelt er noch seinen langen, dicken Schwanz um sich herum.

Großkatzen können laut brüllen, aber nicht schnurren wie die Kleinkatzen.

Tiger, Puma und Jaguar

Tiger, Puma, Jaguar und Leopard sind Großkatzen. Sie sind Raubtiere mit einem muskulösen Körper und scharfen Zähnen und Krallen. Sie beschleichen ihr Opfer im Unterwuchs verborgen und überraschen es dann mit einem plötzlichen Angriff. Die meisten Großkatzen besitzen ein wunderbar gemustertes Fell, das sie in der Vegetation verbirgt. Das macht das Anschleichen einfacher und damit erfolgreicher.

Die Zunge der Großkatzen ist so rau, dass sie damit das Fleisch von den Knochen reiben können.

▲ Unterscheiden sich Nebelparder von Leoparden?

Nebelparder bewohnen Wälder, keine Savannen. Sie sind kleiner als Leoparden und haben einen langen, buschigen Schwanz, den sie zum Klettern gebrauchen. Außerdem hilft der Schwanz ihnen, auf Ästen das Gleichgewicht zu halten. Nebelparder werden etwa 2 m lang, doch davon entfällt fast die Hälfte auf den Schwanz. Sie bewohnen die Regenwälder Südostasiens von Nepal bis Borneo.

Welche ist die größte Großkatze? Der Tiger ist die größte. Erwachsene Tiger können von Kopf bis zum Schwanz 3 m lang sein.

◀ Wo kommt der Puma vor?

Pumas bewohnen Nordamerika und den größten Teil Südamerikas. Sie ziehen abgelegene Gegenden vor und leben gern in Gebirgen. Ihre wichtigsten Beutetiere sind Hirsche. Pumas werden auch Berglöwen oder Cougars genannt.

Das Weibchen bringt bis zu 6 Junge zur Welt, meistens jedes zweite Jahr. Bei der Geburt sind die Jungen gesprenkelt, verlieren die Flecke aber nach ein paar Monaten. Bei der Mutter lernen sie zu jagen und verlassen schließlich die Familie.

Großkatzen sind sehr saubere Tiere, die einen großen Teil ihrer Zeit damit verbringen, mit der Zunge ihr Fell zu lecken.

▼ Wie jagt der Jaguar?

Der Jaguar beschleicht seine Beute und springt sie aus dem Hinterhalt an. Er hat aber noch andere Jagdtechniken. Manchmal lauert er auf einem Ast auf vorbeikommende Opfer. Der Biss des Jaguars ist enorm kraftvoll, und er kann etwa den Panzer einer Schildkröte durchbohren. Jaguare schwimmen sehr gut und jagen auch in Flüssen nach Fischen, Schildkröten und sogar Krokodilen.

Der Jaguar kommt in ganz Mittel- und Südamerika vor und bevorzugt dichten Wald. Wie der Tiger ist er eine gefährdete Art, weil sein Lebensraum mehr und mehr zerstört wird.

Jaguare sehen wie Leoparden aus, sind aber schwerer und massiger.

Was fressen Tiger?

Tiger sind Raubtiere, die ihre Opfer, zum Beispiel Schweine und Hirsche, durch einen Biss ihrer enorm scharfen Zähne in den Nacken oder die Kehle töten. Tiger schwimmen sehr gut und jagen im Wasser, wenn Nahrung knapp ist.

Die meisten Tiger leben in Wäldern und Savannen, wo ihr gestreiftes Fell sie hervorragend tarnt. Der Sibirische Tiger bewohnt jedoch die Taiga in Ostsibirien. Alle Tiger sind vom Aussterben bedroht.

Ein Tiger kann bei einer Mahlzeit 25 kg Fleisch verzehren.

Bären

Bären sind die größten Raubtiere auf der Erde. Die 8 Bärenarten bevorzugen verschiedene Lebensräume und kommen sowohl im Hochgebirge wie in Regenwäldern vor. Die im Norden wohnenden Bären tragen einen dichten Pelz gegen die Kälte. Die in südlichen Gebieten heimischen Bären halten keinen Winterschlaf, weil das ganze Jahr über genügend Nahrung vorhanden ist.

Bären haben sozusagen Plattfüße, und der ganze Fuß berührt beim Gehen den Boden.

▼ Kann der amerikanische Schwarzbär auf Bäume klettern?

Der Schwarzbär ist ein geschickter Kletterer, der seine kräftigen Arme und Beine und die langen Krallen zum Klettern benutzt. Er kann außerdem ziemlich schnell rennen und erreicht 40 km/h, wenn er ein Beutetier verfolgt. Meistens ernährt er sich allerdings von Pflanzenkost.

Trotz seines Namens kann der Schwarzbär auch dunkelbraun oder sogar rotbraun gefärbt sein. Mit seiner Färbung ist er bestens an die Bergwälder Nordamerikas angepasst, in denen er lebt.

◀ Wie sehen Lippenbären aus?

Lippenbären besitzen einen langen, zotteligen Pelz, der sie in den dichten Trockenwäldern Indiens und Sri Lankas hervorragend tarnt. Leider sind sie heute nicht mehr so häufig wie früher.

Lippenbären klettern geschickt und verbringen den Tag in Bäumen. Daher sehen sie ein bisschen wie Faultiere aus. Wach sind sie allerdings sehr aktiv und können schneller laufen als ein Mensch, wenn es nötig ist. Nachts streifen sie auf der Suche nach Insekten, Blättern und Früchten durch den Wald.

Die meisten Bären sehen und hören nicht gut, machen dies aber durch ihren hervorragenden Geruchssinn wett. Lippenbären können sehr gefährlich werden, wenn man sie stört.

▶ Welcher Bär wird Grizzly genannt?

Der Braunbär ist der anpassungsfähigste aller Bären und kommt in Europa, Südwestasien und in ganz Nordasien bis Japan vor. Auch in den Gebirgen Nordamerikas ist er heimisch und wird dort Grizzly genannt. Der Braunbär ist ein geschickter Jäger und frisst fast alles.

In seinem natürlichen Lebensraum steht der Braunbär an der Spitze der Nahrungskette und hat nur einen Feind: den Menschen. Braunbären wurden lange ihres Pelzes wegen gejagt und kommen heute nur mehr in abgelegenen Gebirgsgegenden vor.

Grizzlys fressen gern Fische. Zu bestimmten Zeiten versammeln sie sich an Flüssen, um springende Lachse zu fangen.

Wie überstehen Bären die kalten Wintermonate?

Bären in gemäßigten Gebieten halten einen Winterschlaf in einer Höhle und kommen erst im nächsten Frühjahr wieder heraus.

Brillenbären kommen in warmen Gegenden vor, daher halten sie keinen Winterschlaf.

Besitzt der Brillenbär eine Brille?

Nein, aber er sieht so aus! Der Brillenbär ist schwarz, hat aber eine weißliche Schnauze und helle Ringe um die Augen, die wie eine Brille aussehen. Er jagt nachts und verschläft den Tag unter Baumwurzeln oder in Felsspalten. Der Brillenbär ist der einzige richtige Bär in Südamerika. Er kommt in verschiedenen Lebensräumen vor, in offenen Savannen ebenso wie im Regenwald und im Hochgebirge.

Malaienbär und Eisbär

Es gibt kleine und große Bären, kleine wie der Malaienbär und riesige wie der Kodiakbär. Der berühmteste und auffälligste von allen ist aber wohl der Eisbär, der gewaltige weiße Räuber der Arktis. Dieser Bär ist perfekt an seinen Lebensraum angepasst und ernährt sich vor allem von Robben.

▼ Wie groß ist der Malaienbär?

Der Malaienbär oder Sonnenbär ist das kleinste Mitglied der Bärenfamilie und wird nur 70 cm hoch und 1,5 m lang. Er ist auch einer der seltensten Bären, weil er zu stark bejagt wurde und sein Lebensraum, die südostasiatischen Regenwälder, großenteils zerstört ist.

Malaienbären verbringen den Tag ruhend oder sonnenbadend auf Bäumen. Sie sind nachtaktiv und suchen dann nach Insekten, Früchten und gelegentlich auch nach kleinen Nagetieren, Vögeln und Eidechsen.

Malaienbären bauen sich gemütliche Nester in Bäumen, in denen sie den Tag verschlafen. Nachts klettern sie herunter, um auf Nahrungssuche zu gehen.

◄ Welcher Bär ist der größte?

Der Kodiakbär ist der größte aller Bären, denn er wird bis 3 m lang und kann 800 kg wiegen. Es ist ein angsteinflößender Anblick, wenn der Kodiakbär sich auf seine Hinterbeine aufrichtet; dann ist er 4 m hoch! Kodiakbären leben in den schneebedeckten Gebirgen Alaskas und auf den Kodiak- und Admiralitätsinseln in Nordamerika.

Der Kodiakbär in Alaska wiegt dreimal so viel wie ein Löwe.

▶ Wie halten sich Eisbären warm?

Der gesamte Körper des Eisbären ist von Fell bedeckt – sogar die Fußsohlen. Die Haare sind eigentlich nicht weiß, sondern hohl, durchsichtig und luftgefüllt. Unter dem Pelz ist seine Haut schwarz, um Wärme aufnehmen zu können. Außerdem hat er noch eine dicke Fettschicht.

Die Jungen werden mitten im Winter in Höhlen geboren, die die Mutter in den Schnee gegraben hat. Erst im Frühjahr verlassen die Bärenjungen mit der Mutter die Höhle und lernen von ihr die Jagdtechniken.

Eisbären sind die einzigen Bären des Nordens, die keinen Winterschlaf halten – sondern der Winter ist ihre Hauptjagdzeit. In den warmen Sommermonaten ist das Nahrungsangebot geringer, deshalb ruhen sie mehr und leben von den Fettreserven, die sie im Winter angesammelt haben.

Können Eisbären schwimmen? Ja, sie sind vorzügliche Schwimmer und können große Strecken schwimmend zwischen Eisschollen im Polarmeer zurücklegen.

Asiatische Schwarzbären sind dem Aussterben nahe, weil ihr Lebensraum durch Abholzung der Wälder vernichtet wird.

Was machen Schwarzbären im Winter?

Die amerikanischen und asiatischen Schwarzbären halten einen Winterschlaf. Dabei sinken Körpertemperatur und Herzschlagfrequenz ab, sodass nur wenig Energie verloren geht. Im Sommer versuchen die Bären, so viel wie möglich zu fressen und Fett anzusetzen, das ihnen hilft, den langen Winterschlaf zu überstehen.

Pandas und Kleinbären

Es gibt zwei Arten von Pandas. Der Große Panda ist mit den echten Bären, der rötliche Kleine Panda näher mit den Kleinbären verwandt. Kleinbären sind häufige Tiere in Nord- und Südamerika. Die meisten bewohnen Wälder, manche haben sich aber auch an das Leben in Städten angepasst und werden dort ziemlich lästig.

Seinen Namen bekam der Waschbär wegen seiner Angewohnheit, seine Nahrung vor dem Fressen im Wasser abzureiben.

▲ Was fressen Waschbären?

Sie sind Allesfresser und verzehren beispielsweise Früchte, Eier, Insekten, Fische, Frösche und Muscheln. Sie besitzen lange Vorderkrallen und geschickte Finger und können selbst feste Muscheln aufbrechen.

In freier Wildbahn bevorzugen Waschbären Wälder in Wassernähe. Sie klettern und schwimmen vorzüglich und sind vor allem abends aktiv. Die Männchen leben allein und treffen die Weibchen nur zur Paarung. Im April oder Mai werfen die Weibchen vier oder fünf Junge.

Wie die Bären sieht auch der Große Panda schlecht und findet seine Bambusnahrung durch den Geruch. Bambus hat einen geringen Nährwert, daher müssen Große Pandas sehr viel davon verzehren, um nicht zu verhungern.

Weshalb ist der Große Panda so wählerisch?

Große Pandas ernähren sich ausschließlich von einer bestimmten Bambusart in den Wäldern Westchinas. Wegen des geringen Nährwertes müssen sie große Mengen davon fressen – tatsächlich fressen sie jeden Tag 16 Stunden lang.

Mit ihrem dicken, schwarz-weißen Pelz gehören Große Pandas zu den auffälligsten Tieren auf der Erde. Die Weibchen bekommen ein oder zwei Junge, die bei der Geburt nur 100 Gramm wiegen. Sie wachsen aber schnell und beginnen nach etwa 10 Wochen herumzukrabbeln.

▶ Wo lebt der Kleine Panda?

Er bewohnt abgelegene Bergwälder im Himalaja, von Nepal bis nach China. Großer Panda und Kleiner Panda leben nirgends zusammen. Kleine Pandas haben ein viel größeres Nahrungsspektrum als der Große Panda, nämlich Wurzeln, Bambus, Eicheln und Früchte. Anders als ihr größerer Namensvetter schlafen Kleine Pandas tagsüber und fressen nachts. Sie klettern gut und finden einen Großteil ihrer Nahrung auf Bäumen.

Der Kleine Panda besitzt kurze Beine mit scharfen Krallen, daher klettert er sehr geschickt.

Wie viele Riesenpandas gibt es noch in freier Wildbahn?
Nur noch ungefähr 1000 Tiere.

▼ Fressen Nasenbären Krabben?

Ja, der Nasenbär aus Mittel- und Südamerika tut das, aber er frisst auch andere Dinge. Wie der Waschbär wäscht er manchmal mit den Händen sein Futter im Wasser, bevor er es frisst. Wie bei allen Kleinbären sind die Jungen bei der Geburt blind und hilflos und werden fast vier Monate lang gesäugt. Sie verlassen das Nest nach ungefähr 8 Monaten.

Nasenbären gehören zur gleichen Familie wie der Kleine Panda und der Waschbär. Die erwachsenen Tiere haben kaum Feinde, den Jungtieren stellen jedoch Schlangen nach.

Hunde und Füchse

Der Haushund ist ein sehr populäres Haustier, von dem wir über 100 Rassen kennen. Aber alle haben nur einen einzigen Vorfahren – den Wolf. Wölfe sind eine von 35 Arten von Wildhunden, zu denen auch Füchse, Schakale und der Dingo gehören. Alle Wildhunde sind Raubtiere und sehr geschickte Jäger.

Wölfe sind die größten Wildhunde. Ihre langen Eckzähne und das schaurige Geheul lassen sie gefährlich erscheinen, aber tatsächlich greifen sie Menschen nur höchst selten an.

Wüstenwölfe bewohnen heiße und trockene Gebiete in Mexiko, Iran und Arabien. Sie beschleichen ihre Beute, weil in der Wüstenhitze keine langen Verfolgungsjagden möglich sind.

▼ Jagen Schakale im Rudel?

Gewöhnlich jagen Schakale allein oder zu zweien. Sie fressen Vögel, Insekten, Nagetiere und Eidechsen, aber auch größere Tiere wie Antilopen. Manchmal treffen sich größere Gruppen von Schakalen, um am Riss eines Löwen zu fressen.

Schakale leben in trockenen und warmen Gebieten Afrikas, Asiens und Südosteuropas. Sie bevorzugen Grasland, wo ihre gelbgraue Färbung sie hervorragend tarnt. Schakale werden oft als Schädlinge gejagt.

▲ Wie viele Wölfe enthält ein Wolfsrudel?

Wölfe leben in Rudeln. Meist zählt das Rudel etwa 20 Tiere und wird von einem dominanten Paar geführt, das lebenslang zusammenbleibt. Die Jungwölfe werden vom gesamten Rudel aufgezogen.

Die Jagd im Rudel ist eine gute Methode, auch große Beutetiere zu überwältigen. So können Wölfe selbst Rentiere und Moschusochsen jagen, die viel größer sind als sie selbst. Wölfe jagen ihr Opfer, bis es erschöpft ist, und fallen es dann an.

▶ Was sind Dingos?

Dingos sind Wildhunde, die im Inneren Australiens leben. Sie können lange mit wenig Wasser auskommen, weil sie die meiste Flüssigkeit aus ihrer Nahrung erhalten. Dingos fressen vielerlei Dinge: Echsen, Vögel, Kaninchen und kleine Kängurus. Weil sie auch Schafe reißen, werden sie von den Farmern gehasst.

Dingos stammen von domestizierten Hunden ab und wurden vor 5000-8000 Jahren von den Aborigines nach Australien eingeführt.

Wann wurden die ersten Hunde gezähmt? Die ersten Hunde wurden vor etwa 12 000 Jahren gezähmt. Haushunde spielen seit 5000 Jahren eine wichtige Rolle im Leben der Menschen.

Der Rotfuchs ist in mehr Ländern zu finden als alle anderen Raubtiere.

Wo kommt der Rotfuchs vor?

Er bewohnt Wälder und kommt in vielen Ländern auf der ganzen Welt vor. Dieser Allesfresser verzehrt allerlei Kleintiere, Insekten und Früchte. Weil er auch Aas frisst, ist er in Dörfer und Städte eingewandert und plündert dort die Abfalleimer.

Füchse sind kleine Wildhunde, die sehr gut hören, sehen und riechen können. Es gibt 21 Arten von Füchsen, darunter den Eisfuchs des hohen Nordens und den Fennek der afrikanischen und asiatischen Wüsten.

Hyänen und Erdwolf

Hyänen sind Fleischfresser. Obgleich sie wie Hunde aussehen, gehören sie zu einer ganz anderen Familie. Es gibt vier Arten von Hyänen, die Tüpfelhyäne, die Streifenhyäne, die Schabrackenhyäne und den Erdwolf. Alle bewohnen die Savannen und Buschsteppen Afrikas südlich der Sahara. Nur die Streifenhyäne ist auch in Südwestasien heimisch. Der Erdwolf ist zwar eine Hyäne, führt aber eine ganz andere Lebensweise. Er bewohnt Ost- und Südafrika und ernährt sich ausschließlich von Insekten.

Die Kiefer der Hyänen sind so kräftig, dass sie damit Knochen zerknacken können, die selbst ein Löwe nicht durchbeißen kann.

▲ Wo kommt die Schabrackenhyäne vor?

Sie lebt in Südafrika von Baumsavannen bis in Halbwüsten. Sie ist nachtaktiv und streift auf der Suche nach Aas herum. Ihr dunkles Fell tarnt sie nachts vorzüglich. Schabrackenhyänen leben in kleinen Rudeln zusammen, suchen ihr Futter aber allein. Nur wenn sie einen sehr großen Kadaver finden, kommen mehrere Tiere zusammen.

◀ Wie jagen Tüpfelhyänen?

Tüpfelhyänen sind gesellige Tiere, die in Rudeln von bis zu 30 Tieren zusammenleben und jagen. Sie zwingen ihr Beutetier durch Bisse in die Beine zu Boden und reißen es dann noch lebend in Stücke.

Das hysterisch lachende Geschrei der Tüpfelhyänen ist ein charakteristisches Nachtgeräusch in den Savannen Afrikas.

Jedes Rudel der Tüpfelhyänen verteidigt sein Revier heftig gegen andere.

Welche ist die kleinste Hyänenart?
Der Erdwolf.
Er wird nur etwa 80 cm lang.

Ein Erdwolf kann in einer einzigen Nacht bis zu 300 000 Termiten verzehren.

▼ Wie sieht die Streifenhyäne aus?

Die Streifenhyäne besitzt ein helleres Fell als die Schabrackenhyäne. Die Haare sind länger, und die Mähne am Hals kann bei Gefahr aufgerichtet werden und lässt das Tier dann größer erscheinen, als es ist.

Auch wenn die Streifenhyäne nicht von Großkatzen wie Löwe und Tiger gejagt wird, hält sie sich von diesen fern. Am Kadaver verscheucht sie andere Tiere, lässt aber der größeren Tüpfelhyäne den Vortritt.

Was frisst der Erdwolf?

Der Erdwolf ist kein Aasfresser, sondern ernährt sich von Termiten, Ameisen und anderen kleinen Insekten, die er mit seiner klebrigen Zunge vom Boden aufleckt.

Wie die größere Streifenhyäne ist auch der Erdwolf überall gestreift, selbst an den Beinen. Eine schwarze Mähne läuft den ganzen Rücken entlang, und der Schwanz ist buschig. Erdwölfe verbergen sich tagsüber in einer Höhle in der Erde, oft in einem verlassenen Erdferkelbau.

Abgesehen vom Erdwolf besitzen alle Hyänen scharfe Zähne, mit der sie auch die dickste Haut schneiden können.

Marder, Dachse und Stinktiere

Wiesel, Dachse und Stinktiere sehen recht verschieden aus, gehören aber zur selben Tiergruppe – den Marderartigen. Die Familie enthält 65 Arten, darunter 9 Arten Stinktiere und 9 Arten von Dachsen. Viele Arten sehen aus wie Wiesel, zum Beispiel Hermelin, Frettchen, Marder und Nerz. Marderartige kommen auf allen Kontinenten vor, außer in Australien.

Einige Wieselarten sind so klein, dass sie ihrer Beute, Mäusen oder Maulwürfen, in deren Gänge folgen können.

Stinktiere bespritzen Angreifer aus bis zu 4 m Entfernung. Der furchtbare Gestank bleibt noch tagelang haften.

▲ Was fressen Wiesel?

Das europäische Wiesel ist ein wilder Jäger, der kleine Säugetiere wie Kaninchen, Ratten, Mäuse und Maulwürfe jagt. Wiesel haben einen schlanken, länglichen Körper und können daher ihre Beute in deren Baue verfolgen. Sie können sich in den Gängen sogar umdrehen, um schnell herauszuschlüpfen. Wiesel jagen oft tagsüber und können gleich gut sehen, hören und riechen.

Die jungen Wiesel bleiben auch nach dem Abstillen noch bei ihrer Mutter und lernen bei ihr das Jagen. Manchmal kann man sogar kleine Familien beim gemeinsamen Jagen beobachten.

◀ Warum stinken Stinktiere?

Stinktiere benutzen ihren Gestank zur Abwehr von Feinden. Wird ein Stinktier bedroht, hebt es seinen Schwanz und spritzt zwei Strahlen stinkender Flüssigkeit aus seinen Stinkdrüsen. Der Gestank ist so furchtbar, dass er jeden Angreifer vertreibt.

Stinktiere leben in Wäldern und Steppen in ganz Amerika. Das häufigste Stinktier in Nordamerika ist der Streifenskunk, aber es gibt dort auch den Ferkelskunk und den Fleckenskunk. Alle Stinktiere sind recht klein, etwa von der Größe einer Hauskatze.

Wo sind Dachse zu Hause?

Der Europäische Dachs bewohnt ein Gangsystem unter der Erde, das Sasse genannt wird. Dachse graben mit ihren langen Krallen, die sie durch Kratzen an Bäumen schärfen. Sie sind nachtaktiv und fressen alles Mögliche, aber vorzugsweise Würmer und Schnecken.

Der Kopf des Dachses ist auffällig schwarz-weiß gestreift. Im Dunkeln wirken die Streifen jedoch wie Schatten und tarnen den Dachs vorzüglich. Sein lang gestreckter Körper ist gut an die Fortbewegung in seinen Röhren angepasst.

Die Nase des Dachses ist viel feiner als deine – tatsächlich riecht er 700-mal so gut! Dachse nützen diese sensationelle Fähigkeit zum Aufspüren ihrer Nahrung in der Dunkelheit.

Welches ist das kleinste Raubtier der Welt?
Das Amerikanische Zwergwiesel – es wiegt so viel wie 10 Zuckerstücke.

▶ Können Nerze schwimmen?

Der Nerz schwimmt vorzüglich, denn er besitzt Schwimmhäute an den Zehen. Nerze bewohnen Baue, die sie an Ufern von Flüssen und Seen anlegen, und jagen Wassertiere wie Schermäuse und Süßwasserfische.

Der Nerz besitzt einen sehr dichten, warmen Pelz. Deswegen wurde er früher oft gejagt, heute wird er dagegen meist in Nerzfarmen gezüchtet.

Otter

Otter gehören zu den Marderartigen, verbringen aber mehr Zeit im Wasser als an Land. Wir kennen 13 Arten von Ottern. Diese verspielten Tiere leben meist in Familien und wohnen in großen gemeinsamen Bauen an Flussufern. Alle Otter schwimmen vorzüglich und können ihre Nasenlöcher unter Wasser schließen, sodass sie länger unter Wasser bleiben können. Ihr langer, stromlinienförmiger Leib ist perfekt ans schnelle Schwimmen angepasst.

▶ Wo leben Seeotter?

Seeotter kommen im Nordpazifik von Kalifornien bis Nordjapan vor. Mit Hilfe ihrer langen Hinterbeine und der breiten Schwimmfüße schwimmen sie sehr elegant. Beim Tauchen können sie bis zu 6 Minuten unter Wasser bleiben.

Seeotter fressen Seeigel, Muscheln und andere Schalentiere. Sie greifen sie mit den Vorderpfoten und tauchen auf, um sie an der Oberfläche zu verzehren. Schalen brechen sie mit Hilfe eines Steines auf, den sie, rücklings auf dem Wasser liegend, auf der Kehle balancieren. Oft benutzen sie den gleichen Stein mehrmals.

Seeotter halten sich dadurch unter Wasser warm, dass sie in ihrem Pelz Luft speichern.

Wie jagt der Fischotter?

Der europäische Fischotter jagt in der Dämmerung oder nachts und benutzt seine Schnurrhaare, um Bewegungen im Wasser aufzuspüren. Fischotter sind Allesfresser, sie bevorzugen zwar Fische, fressen aber auch Wasserpflanzen, kleine Säugetiere und Insekten.

Fischotter jagen im Wasser, haben ihren Bau aber an Land. Der Bau liegt in einem Gang oder zwischen Baumwurzeln, im Gebüsch, in Steinhaufen oder am Ufer. Fischotter benutzen immer dieselben Wege ins Wasser und wieder heraus und auch die gleichen Plätze zum Sonnenbaden oder für ihre Rutschbahnen ins Wasser.

Der Fischotter macht vielerlei Geräusche, er pfeift, wimmert, kläfft und kreischt. Diese Töne dienen der Verständigung in der Gruppe, als Gruß oder als Warnung.

▶ Weshalb besitzt der Kapotter keine Krallen?

Der Kapotter besitzt tatsächlich keine Krallen, und die Schwimmhäute an seinen Füßen sind nur klein. Er benutzt seine empfindlichen Pfoten, um im Schlamm oder unter Steinen im Wasser nach Krebsen und anderen kleinen Wassertieren zu tasten. Er braucht keinen Bau zu graben, sondern hat sein Nest unter Felsen oder in dichter Ufervegetation.

Kapotter haben kräftige, bewegliche Pfoten, mit denen sie ihre Beute packen und festhalten.

Welches Tier besitzt den dicksten Pelz?

Der Pelz des Seeotters ist dicker als der aller anderen Tiere, mit ungefähr 100 000 Haaren pro Quadratzentimeter.

◀ Wie großist der Riesenotter?

Der Riesenotter ist der größte Otter und erreicht vom Kopf bis zum Schwanz eine Länge von 2,4 m. Er bewohnt Flüsse und Seen in Südamerika. Er verbringt fast sein ganzes Leben im Wasser und kommt kaum jemals an Land.

Im Flachwasser jagen Riesenotter allein, aber in tiefem Wasser in Gruppen. Dieses große Tier frisst Fische, darunter Welse und Piranhas, die es tagsüber jagt. Da die Flüsse und Seen oft sehr trüb sind, kann der Riesenotter sehr gut sehen, hören, riechen und auch tasten, um seine Nahrung aufzuspüren.

Der Riesenotter lebt in Familien von bis zu 8 Tieren in einem eigenen Revier. Das Revier wird mit Duft markiert und heftig gegen andere erwachsene Otter verteidigt.

Bartenwale

Wale sind sehr große Säugetiere, die die Ozeane der Welt bewohnen. Man unterscheidet zwei Sorten – Zahnwale und Bartenwale. Die größten und berühmtesten sind die Bartenwale, zum Beispiel Blauwal, Grauwal, Buckelwal und Grönlandwal. Sie heißen so wegen der hornigen Platten, mit denen sie das Wasser nach Nahrung ausfiltern. Trotz ihrer riesigen Größe ernähren sich Bartenwale von den kleinsten Lebewesen im Meer, den winzigen Krillgarnelen.

Die meisten Bartenwale bekommen nur jedes zweite Jahr ein Kalb. Die Kälber kommen in warmen Gewässern zur Welt, weil sie noch nicht genug Fett als Wärmeisolierung besitzen.

▼ Wie ernähren sich Grauwale?

Grauwale fressen dasselbe wie alle Bartenwale, nämlich Krill, den sie durch große kammartige Platten, die Barten, aus dem Wasser ausfiltern.

Grauwale wandern sehr große Strecken zu ihren bevorzugten Brutplätzen. Sie verbringen den Sommer im Nordpolarmeer, aber im Winter ziehen sie Tausende Kilometer weit in die warmen Gewässer des Pazifiks vor der Küste Kaliforniens. Hier bringt das Weibchen das einzige Kalb zur Welt. Die Mutter und ihr Kalb kehren danach wieder ins Nordpolarmeer zurück.

▲ Wie atmet der Grönlandwal?

Wie alle Wale muss der Grönlandwal zur Wasseroberfläche kommen, um zu atmen. Er holt Luft durch das Blasloch an der Oberseite des Kopfes. Die warme Luft aus dem Wal mischt sich dabei mit der kalten Seeluft und bildet Wassertröpfchen. Daher scheint es, als blase der Wal Wasser aus. Alle Wale müssen sich gelegentlich ausruhen. Dann liegen sie an der Oberfläche und lassen den Schwanz nach unten hängen, sie „dümpeln".

Die größte Gefahr für die Wale geht vom Walfang aus. Daher sind viele Arten heute in ihrem Bestand gefährdet.

Den Buckelwal kann man in allen Weltmeeren antreffen.

Wie finden Buckelwale ihren Partner?

Buckelwale sind trotz ihrer gewaltigen Größe reine Akrobaten. Während der Fortpflanzungszeit kann man sie oft aus dem Wasser springen sehen. Männchen und Weibchen halten sich auch manchmal an ihren Flossen fest.

Wale können sich unter Wasser verständigen. Männliche Buckelwale besitzen einen speziellen Gesang, der zuweilen 35 Minuten lang anhält.

Welches ist das größte Tier auf der Welt?
Der Blauwal ist das größte Tier, das jemals gelebt hat.

▶ Werden Blauwale unter Wasser geboren?

Wie alle Wale werden Blauwale unter Wasser geboren. Allerdings kommen sie mit dem Schwanz voraus zur Welt, damit sie nicht bei der Geburt ertrinken. Blauwalkälber wachsen sehr rasch und verdoppeln ihr Gewicht bereits nach einer Woche. Da Blauwale Säugetiere sind, trinken die Kälber an der Mutter. Die Neugeborenen lernen sehr schnell, zum Saugen zu tauchen und zum Atmen wieder an die Oberfläche zu kommen.

Wegen ihrer Größe haben Bartenwale keine natürlichen Feinde. Der Blauwal kann bis zu 80 Jahre alt werden.

Wie groß sind die Zähne des Pottwals?

Pottwale jagen Riesenkalmare. Um mit diesen mächtigen Tieren kämpfen und sie töten zu können, besitzen Pottwale eine Reihe langer, spitzer Zähne. Bis 30 große Zähne sitzen im Unterkiefer, jeder 25 cm lang.

Der gewaltige Vorderkopf des Pottwals besteht nicht aus Knochen, sondern ist mit einer öligen und wachsartigen Substanz gefüllt, dem Walrat, das vermutlich dazu dient, im Wasser das Gleichgewicht zu halten.

Der Pottwal besitzt das größte Gehirn aller heute lebenden Tiere. Es wiegt über 9 kg – das ist viermal so viel wie das menschliche Gehirn.

Welcher Wal kann am tiefsten tauchen? Der Pottwal kann bis 1000 m tief tauchen und dabei die Luft bis eine Stunde lang anhalten.

Zahnwale

Wie ihr Name sagt, tragen Zahnwale Zähne im Maul und fressen Fische und Tintenfische. Manche Zahnwale tauchen auf der Jagd in große Tiefen. Die meisten Zahnwale sind kleiner als die Bartenwale, allerdings wird der mächtige Pottwal 20 m lang. Das ist so lang wie zehn Taucher hintereinander!

▼ Was fressen Grindwale?

Dieser Wal jagt vor allem Kabeljau und Tintenfische, frisst aber auch andere Fische. In einer einzigen Mahlzeit verschlingt ein Grindwal etwa 14 kg Fische. Er kann auf der Jagd nach Tintenfischen 600 m tief tauchen. Grindwale bleiben ihr ganzes Leben lang in kleinen Familiengruppen von etwa 6 Tieren zusammen. Man hat aber auch schon Gruppen von bis zu 50 Walen beobachtet.

Der Pottwal besitzt das größte Gehirn aller heute lebenden Tiere. Es wiegt über 9 kg – das ist viermal so viel wie das menschliche Gehirn.

Grindwale werden auf Englisch „pilot whales" (Pilotwale) genannt, weil die Fischer ihnen früher folgten, um Heringsschwärme zu finden.

Der Stoßzahn des Narwals kann 3 m lang werden, länger als der Stoßzahn eines Afrikanischen Elefanten.

▼ Wo leben Weißwale?

Weißwale bewohnen die kalten Gewässer des Nordpolarmeeres. Meist halten sie sich in Küstennähe auf, und im Winter, wenn das Meer gefriert, jagen sie sogar unter dem dicken Packeis. Weißwale besitzen eine besonders dicke Speckschicht, die sie vor der Kälte schützt.

Der Weißwal sieht vielleicht aus wie ein Geist, doch dafür macht er bemerkenswert großen Lärm. Seiner trillernden Rufe wegen wird er manchmal mit einem Kanarienvogel verglichen.

▲ Wie sieht der Narwal aus?

Der Narwalbulle ist einer der eigenartigsten Wale – seines Stoßzahns wegen, der fast halb so groß ist wie das ganze Tier. Wir wissen nicht, wozu der Stoßzahn gut ist, doch vielleicht fechten die Bullen damit Kämpfe um die Kühe aus.

Narwale leben in Schulen von bis zu 20 Tieren. Oft bestehen sie nur aus Bullen oder nur aus Kühen, doch finden sich manchmal viele Schulen zu großen Herden von Tausenden von Walen zusammen.

Die Hälfte des Körpergewichtes eines Weißwals besteht aus „Blubber“, einer dicken Fettschicht unter der Haut.

Delfine und Tümmler

Delfine und Tümmler gehören ebenfalls zu den Walen. Sie sind Zahnwale und besitzen spitze Zähne, mit denen sie ihre Beute packen und festhalten. Die meisten Delfine sind kleiner als die übrigen Wale, und die Schweinswale sind noch kleiner. Alle besitzen schlanke, stromlinienförmige Körper und sind sehr elegante Schwimmer. Mit der senkrechten Rückenflosse halten sie sich beim Schwimmen aufrecht.

▼ Wie sehen Schweinswale aus?

Der Schweinswal gleicht einem Delfin, besitzt aber eine kürzere Schnauze und einen kleinen, kegelförmigen Kopf. Er lebt meist in Paaren oder kleinen Gruppen und ist nicht so verspielt wie seine größeren Verwandten, die Delfine.

Der Schweinswal ist nicht mehr so häufig wie früher – er ist gefährdet, weil er seines Fleisches und Öles wegen zu stark gejagt wurde. Außerdem verfängt er sich nicht selten in Thunfischnetzen.

▼ Sind Delfine intelligent?

Delfine gehören zu den intelligentesten Tieren auf der Welt. Das Gehirn eines Großen Tümmlers ist sogar größer als das eines Menschen.

Wie alle Delfine lebt der Große Tümmler in Schulen genannten Familienverbänden, die manchmal über 100 Tiere umfassen. Tümmler sind sehr verspielt und zu Sprüngen aufgelegt. Sie bewohnen flache Gewässer sowohl in nördlichen wie in südlichen Meeren.

Wie alle Wale atmen Delfine und Tümmler durch das Blasloch an der Oberseite des Kopfes. Zum Atmen müssen sie an die Oberfläche kommen.

Die meisten Delfine besitzen an die 200 spitze Zähne in ihrem langen, schnabelartigen Maul. Die Zähne sind bestens geeignet, Fische zu packen und festzuhalten.

▶ Welche Delfine sind die besten Akrobaten?

Spinnerdelfine heißen so wegen ihrer akrobatischen Überschläge, die sie beim Springen vollführen. Sie sind am aktivsten, wenn sie geruht haben, und springen meistens nachts. Sie sind sehr soziale Tiere und schwimmen zusammen mit anderen Arten, etwa dem Fleckendelfin.

Alle Delfine stoßen klickende Laute aus, die sich im Wasser ausbreiten und von Objekten zurückgeworfen werden. Das hilft dem Delfin beim Aufspüren der Beute und warnt ihn vor Feinden. Delfine haben im Vorderkopf ein Sinnesorgan, das diese zurückgeworfenen Töne registriert und ihnen Größe und Richtung von Objekten angibt.

Tümmler ziehen in wärmere Gewässer, um dort ihre Jungen aufzuziehen. Dabei verlieren sie an Fett, das sie als Wärmeisolierung dort nicht brauchen. Bei der Rückkehr in kühlere Gewässer fressen sie es sich wieder an.

Welcher ist der größte Delfin? Der Schwertwal, der auch zur Delfinfamilie gehört.

Schwertwale sind sehr gefräßig. Ein Wal in der Beringsee hatte 32 Robben im Magen!

Wie groß wird der Schwertwal?

Er kann 10 m lang werden – das ist so lang wie drei Autos. Er ist ein großer Räuber und fällt manchmal in Gruppen Tiere an, die größer sind als er selbst, zum Beispiel große Bartenwale. Sonst frisst der Schwertwal Fische, Tintenfische, Robben und sogar Seevögel.

Schwertwale kommen in allen Meeren vor, besonders in Küstennähe. Manchmal kommen sie direkt auf den Strand, um Robben zu fangen, und lassen sich von der nächsten Welle wieder ins Meer spülen.

Robben, Seelöwen und Walrosse

Robben, Seelöwen und Walrosse sind meereslebende Säugetiere, die Luft atmen, obwohl sie die meiste Zeit im Wasser verbringen. Insgesamt kennen wir 34 Arten. Sie bringen ihre Jungen an Land zur Welt, müssen aber zum Jagen ins Meer zurück. Neugeborene Robben, Seelöwen und Walrosse werden mit Muttermilch ernährt.

Seelöwen können fast eine halbe Stunde lang tauchen. Der Herzschlag sinkt dabei auf 15 Schläge pro Minute, so brauchen sie nicht so viel Sauerstoff.

▼ Hat der Seeelefant einen Rüssel?

Ja, Seeelefanten heißen so wegen der rüsselartigen Schnauze der Bullen, die an Elefantenrüssel erinnern. Auch der Seeelefant ist sehr groß und hat eine dicke, faltenreiche Haut. Die Bullen sind fast zweimal so groß wie die Kühe.

Da sie die kalten Gewässer der Arktis und Antarktis bewohnen, brauchen Seeelefanten eine dicke Fettschicht unter der Haut, um sich warm zu halten. Fast 90 % ihrer Zeit verbringen Seeelefanten unter Wasser und kommen nur zum Atmen und zum Ausruhen für kurze Augenblicke an die Oberfläche.

Seeelefanten können mit ihrem langen, aufblasbaren Rüssel laut trompeten. In der Paarungszeit kämpfen die Männchen unter großem Lärm gegeneinander.

Warum besitzen Seelöwen Flossen?

Seelöwen haben lange Vorderflossen, die sie beim Schwimmen wie Ruder benutzen. Ein Seelöwe kann im Wasser 40 km/h erreichen. Die Vorderflossen werden aber auch an Land als Stütze gebraucht, wenn die Seelöwen aufrecht auf den Felsen sitzen. Seelöwen können, im Unterschied zu anderen Robben, mit Hilfe der Vorderflossen an Land sogar watscheln.

Kegelrobben bringen ihre Jungen auf abgelegenen Stränden zur Welt. Die Jungen tragen bei der Geburt einen weißlichen Pelz, der nach drei Wochen gewechselt wird.

◀ Wie finden Kegelrobben ihre Nahrung?

Kegelrobben besitzen lange Barthaare, die so empfindlich sind, dass sie die feinen Veränderungen registrieren, die entstehen, wenn ein Fischschwarm vorbeizieht. Kegelrobben fangen die verschiedensten Fische. Die größeren nehmen sie mit an die Oberfläche, halten sie dort mit den Vorderflossen fest und beißen den Kopf ab.

Welche ist die größte Robbe? Der Seeelefant. Ein Männchen wiegt fast so viel wie ein Afrikanischer Elefant.

▶ Weshalb haben Walrosse Stoßzähne?

Die Stoßzähne der Walrosse sind eigentlich die verlängerten Eckzähne. Sie benutzen sie, um am Meeresboden herumzutasten und Muscheln und Schnecken abzureißen. Die Zähne dienen aber auch dazu, um Löcher ins Eis zu bohren, und sie helfen dem Walross dabei, sich aus dem Wasser aufs Land zu ziehen.

Walrosse leben in den eiskalten Gewässern des Nordpolarmeeres. Die sehr feste Haut ist 2,5 cm dick, und darunter umhüllt eine dicke, wärmeisolierende Speckschicht das Walross.

Wenn Walrosse beim Sonnenbaden auf Felsen sitzen, wird ihre Haut rot. Das kommt von dem Blut, das durch die äußere Haut pulsiert, um Wärme abzugeben.

Manatis und Dugongs

Manatis und Dugongs gehören zur Familie der Seekühe oder Sirenen, die nur vier Arten enthält. Seekühe heißen sie, weil diese großen, friedlichen Tiere in flachen tropischen Gewässern Seegras und andere Wasserpflanzen abweiden. Manatis kommen in warmen Gewässern und in Flüssen Amerikas, der Karibik und Afrikas vor. Ihre Verwandten, die Dugongs, leben im Indischen und Pazifischen Ozean.

Wie sehen Manatis aus?

Manatis sind schwerfällige Tiere, die ein bisschen wie übergroße Robben aussehen. Sie werden bis zu 4,5 m lang, so lang wie ein Afrikanischer Elefant. Die flachen Flossen und der Schwanz sind rundlich und werden zur Fortbewegung benutzt. Allerdings sind Manatis langsame Schwimmer. Sie verbringen ihr ganzes Leben im Wasser und kommen nur zum Atmen an die Oberfläche. Wie die Wale bringen Seekühe ihre Jungen im Wasser zur Welt. Das Weibchen hat nur ein Kalb, das nach einer Tragzeit von 14 Monaten geboren wird. Das Kalb trinkt Milch an den Zitzen seiner Mutter, die direkt hinter den Vorderflossen sitzen. Schon nach drei Wochen beginnen die Kälber, zusätzlich Wasserpflanzen zu fressen.

Sind Seekühe wirklich Sirenen? Früher hielten Seeleute die Seekühe für Sirenen oder Wassernixen, magische Frauengestalten der alten Sagen.

Manatis können sehr gut hören. Werden Mutter und Kind getrennt, quieken sie, um einander wiederzufinden.

▶ Wie unterscheiden sich Dugongs von Manatis?

Sie gleichen sich sehr, aber es gibt einige Unterschiede. Dugongs besitzen einen v-förmigen Schwanz und zwei lange, hauerförmige Zähne. Sie kommen nur in flachen Meeren vor, schwimmen aber nicht wie die Manatis die Flüsse hinauf.

Dugongs weiden Seegras ab, normalerweise in etwa 5 m tiefem Wasser. Sie lassen sich beim Grasen mit herabhängenden Flossen treiben.

Ein neugeborener Dugong reitet auf dem Rücken der Mutter, wenn diese zum Meeresboden taucht, um zu grasen. Er wird unter Wasser gesäugt.

▼ Wo leben die Afrikanischen Manatis?

An der Westküste Afrikas, in flachen, warmen Küstengewässern, Flüssen und Sümpfen. Afrikanische Manatis fressen Wasserpflanzen und verzehren davon erstaunliche 8 Tonnen pro Jahr. Diese hungrigen Vegetarier können etwa 30 Jahre alt werden.

Afrikanische Manatis leben in kleinen, etwa 6 Tiere umfassenden Gruppen zusammen. Treffen sie sich unter Wasser, berühren sie sich mit der Schnauze, um sich zu grüßen.

Manatis können 16 Minuten lang die Luft anhalten; dann müssen sie auftauchen, um zu atmen.

Manatis häuten sich regelmäßig. Das hilft ihnen, den Algenbewuchs auf ihrem Leib zu reduzieren.

▼ Leben die Manatis des Amazonas in Gruppen?

Früher kamen die Manatis im Amazonas in großen Herden vor, doch diese Zeiten sind wegen der zu starken Bejagung leider vorbei. Heute findet man nur noch hier und da Gruppen von vier bis acht Tieren. Nicht nur der Mensch ist ihr Feind, sondern auch Jaguare, Haie und Krokodile jagen diese seltenen Tiere. Heute sind alle Manatis gefährdet und in vielen Ländern streng geschützt.

Kamele, Lamas und Alpakas

Die Familie der Kamele umfasst die großen, wüstenlebenden Kamele Afrikas und Asiens, aber auch die kleineren Lamas und Alpakas in den Hochgebirgen Südamerikas. Alle Kamelartigen sind besonders gut an lebensfeindliche Umgebungen angepasst. Sie haben alle lange Hälse, und Augen, Ohren und Nasenöffnungen sitzen weit oben am Kopf, sodass sie Gefahren schon von weitem erkennen können.

Das Dromedar kann 10 Monate lang ohne Wasser auskommen, wenn es genügend zu fressen bekommt. Findet es dann Wasser, kann es in 15 Minuten 9 große Eimer leer trinken.

▼ Leben Kamele in der Wüste?

Das zweihöckrige Kamel bewohnt die Wüste Gobi in Zentralasien. Die Lebensbedingungen sind dort extrem, mit trockenheißen Sommern und bitterkalten Wintern. An diese Klimaextreme ist das Kamel hervorragend angepasst, denn der lange, zottige Pelz schützt es sowohl vor Hitze wie vor Kälte.

Wenn starke Wüstenwinde einen Sandsturm entfachen, ist es für das Kamel wichtig, nicht zu viel Sand und Staub einzuatmen. Um sich davor zu schützen, kniet es sich hin, legt die Ohren an, schließt Augen und Nasenlöcher und wartet einfach ab, bis der Sturm vorbei ist.

▲ Wie viele Höcker hat das Dromedar?

Dromedare bewohnen die heißen Trockengebiete Arabiens und Afrikas. Sie besitzen nur einen Höcker. Sie haben längere Beine als das zweihöckrige Kamel und sind leichter gebaut.

Dromedare sind sehr nützliche Haustiere. Sie sind zäh und können hohe Temperaturen und lange Trockenheit aushalten. Sie dienen ihren Besitzern nicht nur als Lasttiere in der Wüste, sondern versorgen sie auch mit Milch und Fleisch. Aus Häuten und Haaren werden Kleider, Teppiche und Zelte hergestellt, und selbst ihr Kot wird als Brennmaterial genutzt!

Anders als die Dromedare leben die meisten zweihöckrigen Kamele noch wild in ihrem natürlichen Lebensraum. Die breiten Fußsohlen verhindern das Einsinken im lockeren Sand.

▶ Wo kommen Lamas vor?

Lamas leben in den Anden in Südamerika. Diese zähen Tiere sind imstande, in der dünnen Luft sehr großer Höhenlagen zu existieren. Anders als die altweltlichen Kamele besitzen sie keine Höcker, aber lange Beine und können sehr schnell laufen.

Der zottige Pelz des Lamas kann verschieden gefärbt sein. Lamas sind mittelgroße Tiere und an der Schulter etwa 1,2 m hoch. Das ist so hoch wie ein 10 Jahre altes Kind, Lamas wiegen aber dreimal so viel.

Lamas wurden vor 4000 Jahren erstmals gezähmt. Sie befördern Lasten in fast unzugänglichen Gebirgen.

Was enthält der Kamelhöcker? Er speichert Fett, aber kein Wasser. Wenn Kamele lange ohne Futter oder Wasser auskommen müssen, überleben sie mit dieser Fettreserve.

Was haben Alpakas und Kamele gemeinsam?

Obgleich das Alpaka auf einem anderen Kontinent vorkommt und nicht wie ein Kamel aussieht, gehört es doch zur gleichen Familie. Alpakas und Lamas gleichen sich so sehr, dass sie manchmal als dieselbe Art angesehen werden. Sie stammen beide vom Guanako ab, das vor Tausenden von Jahren gezähmt wurde, aber auch noch wild vorkommt.

Wie alle Kamelartigen erzeugen auch Alpakas Töne, um sich mit der Herde zu verständigen. Bei Gefahr stoßen sie zum Beispiel tiefe, blökende Laute aus.

Affen

Affen sind sehr gesellige Tiere, die in großen Familiengruppen leben. Sie lassen sich in zwei Gruppen einteilen: Altweltaffen und Neuweltaffen. Neuweltaffen kommen in Südamerika vor und haben einen Greifschwanz, mit dem sie sich durch die Wipfel schwingen können. Altweltaffen sind in Afrika und Asien zu Hause. Auch von ihnen leben viele auf Bäumen, manche jedoch am Boden, wie die Paviane.

▼ Können Stummelaffen gut klettern?

Stummelaffen klettern hervorragend und verlassen kaum jemals die Bäume in den Wäldern Afrikas. Der lange Schwanz dient nicht zum Greifen, hilft den Affen aber, das Gleichgewicht zu halten und durch weite Sprünge ihren Feinden, Adlern und Schimpansen, zu entkommen.

Colobos leben in kleinen Gruppen von bis zu 15 Tieren, die aus einem erwachsenen Männchen und 3 bis 4 Weibchen mit ihren Jungen bestehen. Die Weibchen sind nah miteinander verwandt und sorgen gemeinsam für den Nachwuchs.

Colobos sind sehr geräuschvoll und rufen in der Abend- und Morgendämmerung laut, um das Revier der Gruppe zu verteidigen. Sie stoßen röhrende, schnaubende, schnurrende und kreischende Laute aus.

◀ Weshalb hat der Mandrill so ein farbiges Gesicht?

Der Mandrill ist eine Pavianart in den Regenwäldern Westafrikas. Die Männchen werden doppelt so groß wie die Weibchen und sind imposante Tiere. Die rote Nase und die leuchtend blauen Wangen heben sich auffallend vom dunklen Fell ab. Auch das Gesäß ist rot und blau. Es scheint, dass diese Farben dazu dienen, eines der unscheinbarer gefärbten Weibchen anzulocken.

Wie die meisten Affen verständigen sich Mandrille in der Gruppe visuell oder durch Laute. Mandrille haben viele verschiedene Laute, um ihre Stimmung auszudrücken.

Weshalb besitzen Kattas einen geringelten Schwanz?

Kattas verständigen sich untereinander mit Hilfe des Schwanzes. Im hohen Gras halten sie den Schwanz aufrecht, sodass die Mitglieder der Gruppe ihn sehen können.

Paviane verbringen viel Zeit damit, einander zu pflegen. Das verstärkt das Gruppengefühl, besonders auch die Bindung zwischen Mutter und Kind.

Sind die Lemuren Affen?

Lemuren sind Primaten, eine große Tiergruppe, zu der auch die Affen und Menschenaffen gehören. Genau genommen sind Lemuren keine Affen, auch wenn sie so aussehen und sich ähnlich verhalten. Sie leben in den Wäldern Madagaskars, der großen Insel vor der Küste Ostafrikas, und kommen nirgends sonst auf der Welt vor.

▲ Wie bewegen sich Paviane?

Paviane leben in Afrika und auf der arabischen Halbinsel. Diese großen Affen besiedeln offenes Gelände, in dem sie sich auf allen vieren bewegen. Obwohl sie klettern können, halten sie sich die meiste Zeit am Boden auf. Sie leben in Familiengruppen von manchmal 100 Tieren zusammen, die immer von einem starken Männchen geleitet werden.

Das Leben in großen Gruppen schützt die einzelnen Paviane vor Feinden, etwa den Löwen. Paviane verteidigen ihr Revier gegen andere Pavianherden. Innerhalb der Herde herrscht eine strenge Hierarchie, und die Männchen müssen jedes Jahr ihre Stellung innerhalb der Gruppe neu auskämpfen.

Die meisten Lemurenarten leben in Bäumen, doch der Katta verbringt die meiste Zeit am Waldboden.

Niedere Primaten

Affen und Menschenaffen gehören zu einer Gruppe, die Primaten genannt werden. Dazu zählen auch die Loris und Makis aus Asien und der afrikanische Potto. Diese kleinen „Niederen Primaten“ sind Nachttiere mit großen Augen und riesigen Ohren, damit sie sich im Dunkeln orientieren können. Sie bewohnen Wälder und halten sich stets in Bäumen auf. Viele Kleinaffen sind heute gefährdet, weil die Wälder abgeholzt werden und sie sich nicht an andere Lebensräume anpassen können.

◀ Wie schützen Plumploris ihre Jungen?

Plumploris produzieren ein übelriechendes Sekret in ihren Armdrüsen. Wenn dieses Gift mit Speichel vermischt ist, wirkt es abstoßend auf jeden Feind. Um sie vor Räubern zu schützen, reiben die Mütter ihre Jungen am ganzen Körper damit ein, wenn sie sie allein lassen. Feinde der Plumploris sind Malaienbär und Palmkatze.

Plumploris bewegen sich sehr langsam, doch wenn sie nah genug bei ihrer Beute sind, kleinen Vögeln und Säugetieren, packen sie recht schnell zu. Ihre Nahrung besteht außerdem noch aus Früchten, Insekten und Eiern.

Loris, Makis und Pottos besitzen opponierbare Daumen, die ihnen einen sicheren Griff an Ästen gestatten. Hände und Füße sind bei ihnen äußerst beweglich.

◀ Wie gut kann der Koboldmaki sehen?

Die Augen des Koboldmakis sind, im Verhältnis zu seiner Größe, die größten im gesamten Tierreich. Dieses Nachttier erhält so viel Licht durch seine großen Pupillen, dass es selbst im Dunkeln noch gut sehen kann. Das macht den Koboldmaki zu einem erfolgreichen Nachtjäger, der Insekten, Spinnen, Eidechsen und kleine Vögel frisst.

Der Philippinen-Koboldmaki bewohnt Regenwälder auf dieser Inselgruppe. Er hüpft gewandt zwischen den Ästen herum. Auch die Jungtiere lernen bereits nach zwei Tagen zu klettern, und nach vier Tagen, ebenso herumzuhüpfen. Nach etwa 6 Wochen gehen sie allein auf die Jagd.

Der Körper eines Philippinen-Koboldmakis ist nur 16 cm lang – etwa so groß wie deine Hand. Der büschelige Schwanz ist etwa 25 cm lang.

Was frisst ein Potto?

Der Potto bewohnt die tropischen Regenwälder West- und Zentralafrikas. Er ernährt sich vor allem von Früchten und leckt Ameisen mit der Zunge auf, aber zuweilen frisst er auch kleine Säugetiere und Eidechsen. Auf der Nahrungssuche bewegt sich der Potto langsam durchs Geäst. Sieht er etwas Fressbares, schnappt er es mit dem Maul oder packt es mit der Hand. Neugeborene Pottos hängen die ersten drei Wochen lang am Bauch der Mutter, danach lässt die Mutter ihr Junges an einem Zweig hängen, wenn sie auf die Jagd geht.

Pottos können sich sehr lange an einem Ast festhalten. Ihre Hände und Füße werden besonders stark durchblutet, sodass die Muskeln nicht ermüden.

Weshalb sind die Kleinaffen Nachttiere? Weil diese kleinen Tiere von größeren gejagt werden. Sich tagsüber zu verstecken ist viel sicherer.

◀ Woher erhielt der Schlanklori seinen Namen?

Sein Name kommt von den langen, dünnen Armen und Beinen, die aber in Wirklichkeit viel stärker sind, als es scheint. Ein Schlanklori kann an einem einzigen Fuß an einem Ast hängen, um sich nach einer Mahlzeit zu strecken. Schlankloris bewohnen die Wälder Indiens und Sri Lankas. Sie leben allein oder als Paar. Den Tag verschlafen sie zusammengerollt in Astgabeln oder Baumhöhlen und gehen nachts auf die Jagd. Ihre Feinde sind Eulen und Schlangen.

Der gesamte Körper des Schlank-loris trägt einen dicken Pelz. Das hält ihn in der Nacht warm, wenn er am aktivsten ist.

Neuweltaffen

Die Neuweltaffen bewohnen die Regenwälder Mittel- und Südamerikas. Alle Neuweltaffen können hervorragend klettern und benutzen ihren Greifschwanz dabei als einen dritten „Arm“. Die Neuweltaffen sind sehr artenreich und enthalten sowohl die großen Klammeraffen und Brüllaffen wie die kleineren Krallenäffchen.

Sind Affen intelligent? Forscher halten sie dafür, weil sie verhältnismäßig sehr große Gehirne und sehr schnelle Reaktionen besitzen.

▼ Wie bewegen sich Klammeraffen fort?

Klammeraffen besitzen sehr lange Arme und Beine und einen noch längeren und kräftigeren Schwanz. Sie schwingen sich schneller durch die Wipfel, als ein Mensch rennen kann. Das müssen sie auch, um ihren vielen Feinden zu entkommen, nämlich den über ihnen am Himmel segelnden Adlern und dem am Boden lauernden Jaguar.

Der Schwarze Klammeraffe verbringt fast die Hälfte seiner Zeit schlafend, die andere Hälfte wird zur Nahrungssuche und zum Fressen benutzt.

Klammeraffen können nur an ihrem Schwanz hängend mit beiden Händen Früchte und Blätter abpflücken. Beim Schlafen wickeln die Klammeraffen ihren Schwanz mehrmals um einen Ast, sodass sie nicht vom Baum fallen können.

Goldgelbe Löwenäffchen benutzen ihre langen, dünnen Finger dazu, Insekten aus der Rinde zu ziehen. Sie fressen außerdem Schnecken, Eidechsen, Früchte und Blätter.

Brüllaffen besitzen einen speziell ausgebildeten Kehlkopf, der es ihnen ermöglicht, besonders weit hallende Rufe auszustoßen.

▲ Wie laut sind Brüllaffen?

Brüllaffen stoßen sehr laute, heulende Rufe aus, um andere Gruppen vor dem Eindringen in das eigene Revier zu warnen. Das ranghöchste Männchen der Affenbande ist immer der lauteste. Sein Gebrüll ist noch in 5 km Entfernung zu hören.

Eine Gruppe des Roten Brüllaffen besteht meist aus 10 Mitgliedern, darunter nur ein oder zwei Männchen. Rote Brüllaffen halten sich meist weit oben in den Wipfeln der Regenwaldbäume auf, wo sie nach Blättern, Früchten und Blüten suchen. Sie haben lange Ruhezeiten und schlafen manchmal 15 Stunden lang pro Tag.

Das Zwergseidenäffchen ist die kleinste Affenart. Sein Körper ist nur 13 cm lang, also etwa so groß wie ein Hamster. Der Schwanz dieses winzigen Affen ist dagegen zweimal so lang wie er selbst.

▶ Wie groß sind Krallenäffchen?

Die Krallenäffchen der südamerikanischen Regenwälder sind sehr klein, meist nicht größer als ein Eichhörnchen. Die Hände der Krallenäffchen tragen keine Nägel wie die der anderen Affen, sondern Krallen. Im Unterschied zu den anderen Neuweltaffen können sie sich nicht mit dem Schwanz festhalten oder durch die Äste schwingen.

Die meisten Krallenäffchen fressen Insekten, daneben aber auch Früchte, Samen und Baumsäfte, wenn es nichts anderes gibt. Die Mütter tragen ihre Jungen auf dem Rücken, wenn sie im Geäst nach Nahrung suchen.

Ist das Goldgelbe Löwenäffchen gefährdet?

Das Goldgelbe Löwenäffchen ist eines der seltensten Säugetiere auf der Erde. Die ganz wenigen, noch existierenden Exemplare leben in den Küstenwäldern Südostbrasiliens. Allerdings wurden diese Äffchen erfolgreich in Gefangenschaft gezüchtet und können daher wieder in ihren natürlichen Lebensraum eingesetzt werden.

Menschenaffen

Die Menschenaffen sind vor allen Tieren auf der Erde unsere nächsten Verwandten. Es sind sehr intelligente Säugetiere, die aufrecht gehen können und sehr lange leben. Sie sind sehr sozial, und die ganze Familiengruppe sorgt für die Nachkommen. Menschenaffen tragen einen Pelz, haben lange, enorm kräftige Arme und kürzere, schwächere Beine. Sie klettern alle gut und bewohnen meistens Wälder. Es gibt vier Gruppen – Schimpansen, Gorillas, Orang-Utans und Gibbons.

Gibbons haben lange Arme, an denen sie sich durch die Bäume schwingen.

▲ Welche Gibbonart ist die größte?

Gibbons sind die kleinsten Menschenaffen. Die größte Gibbonart ist der Siamang, der bis 90 cm hoch werden kann. Gibbons sind zwar klein, aber enorm geschwind. Sie können sich mit 32 km/h durch die Bäume schwingen, das ist so schnell wie der schnellste Sprinter.

Es gibt 9 Gibbonarten, und alle unterscheiden sich von den anderen Menschenaffen dadurch, dass sie ausschließlich in Bäumen leben. Sie schlafen aufrecht sitzend in einer Astgabel.

◀ Wie groß werden Gorillas?

Gorillas sind die größten Menschenaffen und werden bis 1,75 m hoch, also etwa so groß wie ein Mensch. Wir kennen zwei Arten, die beide in den Wäldern Zentralafrikas leben. Gorillas leben in Familien, die stets von einem einzigen großen Männchen, dem „Silberrücken", angeführt werden.

Junge Gorillas entwickeln sich langsam. Sie können erst nach 10 Monaten laufen, werden zwei Jahre lang von der Mutter gesäugt und schlafen drei Jahre lang zusammen mit der Mutter in einem mit Blättern ausgepolsterten Nest.

Eine Gorillafamilie bleibt an einem Ort, bis die verfügbare Nahrung aufgefressen ist, dann zieht der Trupp weiter, und die Vegetation kann wieder nachwachsen.

▶ Was fressen Schimpansen?

Schimpansen bewohnen die Wälder West- und Zentralafrikas und haben einen abwechslungsreichen Speisezettel. Meistens fressen sie Früchte, Blätter und Samen, mögen aber auch Ameisen und Termiten. Manchmal jagen sie größere Beute, etwa Schweine oder kleinere Affen. Schimpansen gehören zu den wenigen Säugetieren, die „Werkzeuge“ gebrauchen. Zum Beispiel benutzen Schimpansen einen Stock, um Termiten aus ihrem Nest zu ziehen, oder einen Stein, um Nüsse zu knacken.

Schimpansen leben in Familiengruppen von 15 bis 80 Mitgliedern. Die ältesten Tiere können 60 Jahre alt sein.

Welche Menschenaffen schneiden Grimassen? Alle! Das Gesicht der Schimpansen kann verschiedene Stimmungen ausdrücken; lustig, aufgeregt, ärgerlich oder furchtsam.

Der Name „Orang-Utan“ kommt aus dem Malaiischen und bedeutet „Waldmensch“.

Wo kommen Orang-Utans vor?

Orang-Utans leben in den Regenwäldern Südostasiens. Allerdings wurden so viele Wälder abgeholzt, dass Orang-Utans heute sehr selten geworden sind. Diese schönen, rötlich behaarten Affen sind im dunklen, schattigen Regenwald hervorragend getarnt.

Wie Gorillas und Schimpansen bauen sich Orang-Utans ein gemütliches Schlafnest. Sie suchen in der Morgen- und Abenddämmerung nach Nahrung, ruhen mittags in ihrem Nest und schlafen nachts darin.

Bedrohte Tierarten

Wenn wir eine Tierart als bedroht bezeichnen, dann heißt das, dass die Gefahr besteht, dass sie für immer von der Erde verschwindet. Wurde eine Tierart 50 Jahre lang nicht mehr gesehen, gilt sie offiziell als „ausgestorben". Jedes Jahr werden mehr Tierarten zur Liste der bedrohten Arten hinzugefügt. Alle Tiergruppen sind betroffen - Säugetiere, Vögel, Reptilien, Amphibien, Fische und Insekten. Die Gründe dafür sind vielfältig, beruhen aber meist auf menschlichen Aktivitäten, der Umweltverschmutzung beispielsweise oder der Zerstörung der natürlichen Lebensräume.

Der Königin-Alexandra-Vogelflügler ist bedroht, weil der Küstenregenwald, in dem er lebt, abgeholzt wird.

▼ Wie viele Vogelarten sind bedroht?

Ein Achtel aller Vogelarten sind bedroht, darunter auch der größte flugfähige Vogel, der Wanderalbatros. Dieser Vogel hat eine Flügelspannweite von sage und schreibe 3,5 m und kann Tausende von Kilometern über die Südmeere gleiten. Der Wanderalbatros kann 50 Jahre alt werden, doch leider sterben viele Tiere weit früher. Albatrosse verfangen sich bei der Jagd häufig in Fischernetzen.

Die Jungen des Wanderalbatros brauchen 8 Monate, bis sie selbstständig sind. Kommen die Eltern in dieser Zeit um, verhungern die Jungen.

▲ Weshalb müssen wir natürliche Lebensräume schützen?

Wenn Lebensräume vernichtet werden, gilt das auch für alle Tiere, die dort leben. Der Königin-Alexandra-Vogelflügler, mit einer Spannweite von 30 cm der größte Schmetterling der Welt, lebt in den Regenwäldern Neuguineas und legt seine Eier an eine einzige Lianenart. Wenn der Regenwald abgeholzt wird, stirbt die Lianenart aus und mit ihm der Schmetterling. Früher wurde der prächtige Falter gefangen und an Sammler verkauft, das ist heute verboten.

Wie viele Arten sind bedroht? Heute sind es mehr als 12 250 Arten auf der ganzen Erde.

Nur noch 650 Berggorillas leben in freier Wildbahn.

▼ Wie beeinflusst die Umweltverschmutzung die Tiere?

Umweltverschmutzung in der Luft, an Land und im Meer hat enorme Wirkungen auf die Tiere, weil sie ihre natürlichen Lebensräume in gefährliche verwandelt. Viele Pazifische Bastardschildkröten zum Beispiel werden jedes Jahr durch die Verschmutzung der Ozeane getötet.

Einige Meeresschildkröten sind dem Aussterben nah. Sie werden gejagt, viele ertrinken aber auch, wenn sie sich in Fischernetzen verfangen. Chemikalien und Ölreste töten sie, oder sie ersticken an Plastikresten.

Die Populationen der Pazifischen Bastardschildkröte nehmen rasch ab. Schätzungen zufolge gibt es nur noch 850 000 geschlechtsreife Weibchen.

Warum gibt es nur noch so wenige Gorillas?

Alle vier Gorillaarten bewohnen die Regenwälder West- und Zentralafrikas. Sie sind durch den Verlust ihrer Lebensräume bedroht, aber auch durch die Jagd ihres Fleisches wegen. Manche werden in Fallen getötet oder verletzt, die Jäger für andere Tiere aufgestellt haben. Die West-lichen und Östlichen Flachlandgorillas sind gefährdet, doch die beiden Berggorilla-arten sind inzwischen so selten, dass ihnen ein baldiges Aussterben droht.

Tierschutz

Es wird höchste Zeit, viele Tierarten vor dem Aussterben zu retten. Wenn eine Art erst einmal ausgestorben ist, ist sie für immer verloren. Die Situation ist heute beängstigend, weil so viele Lebensräume verschwinden oder durch Umweltverschmutzung schwer geschädigt sind, und weil immer noch Arten bis an den Rand ihres Aussterbens bejagt werden. Es gibt allerdings Möglichkeiten, diese Entwicklung zu stoppen, bevor es zu spät ist. Die Versuche, seltene Tiere vor dem Aussterben zu bewahren, nennt man Tierschutz.

Umweltforscher schätzen, dass sich die Aussterberate um das 10 000-Fache beschleunigt hat, seit der Mensch den Planeten betreten hat.

▲ Was ist Wiederaufforstung?

Viele Regierungen und Umweltschutzgruppen pflanzen neue Bäume, um gerodete Wälder wieder aufzuforsten. Wiederaufforstung ist ein wichtiger Faktor für die Erhaltung von Lebensräumen und kann viele Arten vor dem Aussterben retten.

Der Mensch ist nicht an allen Aussterbevorgängen auf der Erde schuld, doch haben wir durch unseren sorglosen Umgang mit den Tieren und ihrer Umwelt die Geschwindigkeit solcher Vorgänge enorm beschleunigt.

Kann man seltene Arten züchten?

Einige Arten sind heute so selten geworden, dass man sie in Gefangenschaft nachzüchtet. Das Wolong Conservation Centre in Südwestchina beispielsweise betreibt ein erfolgreiches Programm der Nachzucht des Großen Pandas. Junge gezüchtete Pandas werden später wieder in ihrem Lebensraum freigesetzt. Auch der Biber war dem Aussterben nahe, wurde aber inzwischen wieder ausgesetzt.

Obwohl es illegal ist, bedrohte Arten zu jagen, werden Häute, Pelze oder Stoßzähne vieler seltener Arten immer noch gehandelt.

▶ Warum sollen wir die Regenwälder erhalten?

Regenwälder sind nicht nur die Heimat unzähliger Tierarten, sondern sie liefern auch der Atmosphäre Sauerstoff und reinigen damit die Luft für uns alle. Kohlendioxid, das beim Abbrennen der Regenwälder entsteht, belastet die Atmosphäre und trägt zur Klimaerwärmung bei.

Viele Umweltschutzorganisationen bemühen sich um die Erhaltung der Regenwälder. Auch du könntest dich einer Gruppe anschließen und fragen, wie du helfen kannst.

Es sind immer noch viele Regenwälder zu schützen! Allein in Südamerika sind die Regenwälder noch so groß wie ganz Westeuropa.

Wie viele Säugetierarten sind in den letzten 350 Jahren ausgestorben?

Etwa 40 Arten.

▶ Was ist ein Wildschutzgebiet?

Gebiete, in denen seltene Tierarten leben, können geschützt werden, indem man sie zu Schutzgebieten oder Reservaten erklärt. Dort darf nicht gejagt werden, und auch andere menschliche Aktivitäten sind verboten, zum Beispiel das Abholzen. Manchmal werden solche Reservate auch zu touristischen Attraktionen.

Einige Schutzgebiete sind sehr groß. Das Masai-Mara-Schutzgebiet in Kenia, Ostafrika, zum Beispiel erstreckt sich über mehr als 1000 Quadratkilometer Savanne und Wald. Dort sind bedrohte Tiere wie der Afrikanische Elefant und das Spitzmaulnashorn geschützt.

Der Handel mit Hörnern des Breitmaulnashorns wird streng überwacht, daher nimmt ihre Zahl wieder zu.

Index

T

U

V